［監修］吉岡眞之／藤井譲治／岩壁義光

四親王家実録　29

有栖川宮実録

第三巻

正仁親王実録

ゆまに書房

刊行にあたって

吉岡　眞之
藤井　讓治
岩壁　義光

さきに刊行された『天皇皇族実録』に引き続いて、その続編ともいうべき『四親王家実録』が復刻刊行されることとなった。

四親王家とは、中世後期に創設された伏見宮家を始め、近世初期から中期にかけて設立された八条宮（後に常磐井宮・京極宮・桂宮と改称）、高松宮（後に有栖川宮と改称）、閑院宮を総称する名称である。四親王家は、当初必ずしも皇統維持の観点で設立されていたわけではないが、遅くとも近世中期ころから、皇位継承の危機に備えるためとする認識が次第に広まっていった。各宮家の代々当主は天皇の猶子あるいは養子となって親王宣下を受けて親王となり、皇位継承に備えつつ近世末期に及んだ。

四親王家と天皇家の関係はこのように密接であり、『四親王家実録』もまた『天皇皇族実録』の一環として編修されるべき性質のものであった。しかし四親王家代々の親王およびその妃・王子女等の事蹟を、それぞれの祖に当たる天皇の実録に組み込むことになれば、実録の様態・内容がきわめて複雑なものになることは明らかであった。このため四親王家の実録については『天皇皇族実録』とは別に『四親王家実録』として編修することとなったのである。

『四親王家実録』の体裁は『天皇皇族実録』にならい、親王家ごとに編年綱目体で編修されている。すなわち日々の大意を綱として記し、その後に綱の典拠となる史料を目として配列している。引用史料は各宮家当主の日記、宮家の家職に関する日誌を始め、公家日記、関連寺社の記録類、また京都御所東山御文庫・宮内庁書陵部図書寮文庫・国立公文書館内閣文庫・近衛家陽明文庫などに所蔵されている信頼性の高い史料を広く収集し掲載している。引用史料はこれまで知られていなかったものも多く含んでおり、『四親王家実録』がとりわけ近世を中心とする公家社会史研究に資する点は少なくない。

『四親王家実録』は宮内省図書寮において一九四四年（昭和一九）に当初の紀事本末体の体裁から編年綱目体への組み替え作業が始められたが、一九四五年の第二次世界大戦敗戦にともない、編修事業は中断を余儀なくされた。その後、一九六五年（昭和四〇）に宮内庁書陵部編修課は『四親王家実録』の編修を新事業として開始することを決定したが、翌年明治百年記念準備会議が『明治天皇紀』の公刊を決め、宮内庁編修課がこれに従事することになった。このため同課では二つの大きな事業を並行して進めることとなり、当初の編修計画は大幅に遅延したが、一九八四年（昭和五九）三月にいたり『四親王家実録』は完成を見たのである。

『四親王家実録』には四〇七名の皇族の事蹟が二九四冊に編修収載され、総目次・系図一冊が添えられた。また別に実録本編より綱文を抄出した抄出本五部（一部三三冊）が作成されている。宮家ごとの内訳は以下の通りである。

総目次・系図一冊		
伏見宮家	二四七名	一二九冊
桂宮家	三七名	三五冊
有栖川宮家	七五名	九〇冊
閑院宮家	四八名	四〇冊

凡　例

一、本書は、宮内庁宮内公文書館所蔵の『四親王家実録』（本文二九四冊、総目次・系図一冊）を表紙から裏表紙に至るまで、完全な形で影印・刊行するものである。

二、『四親王家実録』は、昭和四〇年四月に編修事業が開始され、同五九年三月に終了した。『明治以後皇族実録』は、昭和五九年四月に編修事業が開始され、平成二年三月、二十五方の編修を終了して中断した。

三、『四親王家実録総目次』所載の凡例を以下に掲載する。

凡例

一　本実録ハ伏見・桂・有栖川・閑院四親王家ノ歴代当主並ニ其ノ配偶者及ビ王子女等ノ行実ヲ編修セルモノニシテ、昭和四十年四月之レガ編修ニ著手シ、同五十九年三月其ノ功ヲ終ヘタリ、

一　本実録ハ明治以前ニ四親王家ノ歴代当主ト為レル御方別ニ実録ヲ編修シ、配偶者並ニ王子女等ノ行実ヲ其ノ後ニ附載ス、但シ四親王家ヨリ出デテ皇位ニ即キ、或ハ后妃ト為リタル御方ニ就キテハ、単ニ名ヲ掲ゲルニ止メ、其ノ行実ハ当該天皇皇族実録ノ記述ニ委ネタリ、尚幕末維新ノ交ニ伏見宮ヨリ独立セル宮家ノ皇族ニ就キテハ、別ニ編修スル明治以後皇族実録ニ収載ス、

一　本実録ノ記載事項ハ概ネ誕生ニ始マリ葬送ニ終ル、其ノ間命名・元服・婚嫁・出産・任官・叙位・信仰・出家・教養其ノ他主要ナル行実ヲ努メテ収録セリ、

一　本実録ノ体例ハ編年体ニ依ル、初メニ綱文ヲ掲ゲテ事項ノ要点ヲ示シ、次ニ史料ヲ排列シテ依拠ヲ明カニセリ、

一　本実録ニハ四親王実録総目次及ビ系図一冊ヲ加ヘ、利用ノ便宜ヲ計レリ、

昭和五十九年三月

四、『四親王家実録』の原本は、原稿用紙に手書きされた稿本が製本されたものである。法量は、縦二五八㎜、横一八二㎜。
原稿用紙は三種類あり、すべて縦20字横10行の二〇〇字詰め縦書き原稿用紙で裏はシロである。詳細は左記のとおりである。

扉用原稿用紙は、罫線の色は濃紺。右下に「実録編修用紙」と印

字されている。

目次・綱文用原稿用紙は、罫線の色は赤。左下に「編修課」と印字されている。

編年綱目体の目にあたる原稿用紙の罫線の色は青。右下に「書陵部（三号）」と印字されている。

また、同一冊子内で人物が変わるところには水色の無地の用紙が挟まれている。本書では、その部分はシロ頁とした。

五、刊行にあたっては、手書きの稿本である事を考慮し、適宜縮小して、上下二段に4頁を配した。排列は上段右、上段左、下段右、下段左の順である。使用されている原稿用紙により縮尺が異なるが、綱文の原稿用紙で約55％、史料引用部分の原稿用紙で約57％である。
原稿用紙の罫線の枠外（上下左右）に手書きされた文字を掲載するために適宜同じ頁を上下ずらして二度掲載したところもある。

六、本書の各頁の柱は、奇数頁は実録名、偶数頁は各頁上段一行目の記載事項が該当する綱文の年月を示した。南北朝期については、綱文にならい北朝、南朝を記した。親王の妃、室、王子女の場合は、『天皇皇族実録』にならい、偶数頁は妃、室、王子女名とした。

七、原文に訂正がなされた場合、原文の一部が透けて見えても、修正を加えず現状のままとした。とくに、典拠名の亀甲カッコの下の訂正が不完全なため、見苦しい箇所がある。また、原稿用紙の罫線が薄いところなどもすべて原本のままである。

八、挟み込まれた紙片があった場合は、当該頁の次に配置し、「（編集注）」をほどこした。

九、影印版『四親王家実録　第Ⅲ期　有栖川宮実録』第一回配本の構成は左記のとおりである。
第二十七巻
有栖川宮実録　一　好仁親王実録　一～有栖川宮実録　二　好仁親王実録二
第二十八巻
有栖川宮実録　三　幸仁親王実録　一～有栖川宮実録　七　幸仁親王実録五
第二十九巻
有栖川宮実録　八　正仁親王実録　一～有栖川宮実録　一一　正仁親王実録四

一〇、『四親王家実録第四十七巻』（『有栖川宮実録第二十一巻』）に有栖川宮実録目次及び有栖川宮系図（「四親王家実録総目次　附　四親王

家系図」＜識別番号75495＞）を収録する予定である。「四親王家実録」全体の解題は『四親王家実録第十九巻』（『伏見宮実録第十九巻』）に収録してあるので参照にされたい。

第二十九巻目次

有栖川宮実録　八

正仁親王実録　一

有栖川宮實錄　八

正仁親王實錄

正仁親王　一

正仁親王實錄

目次

正仁親王

正仁親王實錄

正仁親王

多賀宮　有栖川宮系譜　有栖川宮家司日記

多嘉宮　有栖川宮日記　院中番衆所日記

正仁　有栖川宮家司日記　章弘宿禰記

太宰帥宮　禁裏番衆所日記　院中番衆所日記

帥宮　禁裏番衆所日記　院中番衆所日記

是妙光院　有栖川宮日記　陵墓要覽

幸仁親王ノ第一王子、母ハ某氏寿昌院ナリ、元禄七年二月十一日誕生ス、幼称ヲ多嘉宮ト定メラル、

編修課

〔有栖川宮系譜〕

後西院天皇第二皇子
幸仁親王

東山天皇中宮
承秋門院幸子女王

霊元天皇第六皇子
皇子富貴宮

易子女王

所生 家女房芳、小少将
享保十八年十二月十六日卒、号寿昌院梅室妙香

元禄四年九月廿四日御誕生、号淑宮

東山帝御猶子
正仁親王

所生 家女房寿昌院
元禄七年二月十一日御誕生、号多賀宮、

書陵部（三号）

〔御系譜〕○禁裏執次詰所本

有栖川殿

幸仁親王

承秋門院 幸子女王 東山院女御

女子 東本願寺光住室

正仁親王 東山院御猶子

母 家女房

元禄七年二月十一日生、号多嘉宮、

書陵部（三号）

〔有栖川宮家司日記〕○高松宮家蔵

元禄十年二月十一日 雨天

一今日多嘉宮様御誕生日、餅三斗五升御家中不残、智徳院様へ如例被進、其外お芳殿御乳人少納言へ餅進、

一今日御代参山本杢頭御霊社へ参、

十一年正月廿三日 天晴

一多嘉宮御着袴、

一御母公お芳方改小少将、

書陵部（三号）

〔龍光院月中須知簿〕龍光院所蔵

十七日

寿昌院殿梅室妙香大姉（享保十八年癸丑十二月有栖川正仁親王御實母、）

元禄十年三月十二日

姉淑宮（易子女王）ト倶ニ女御（幸子女王、幸仁親王王女）御殿ニ参入ス、是ノ後屢々同御殿ニ参入ス、

〔有栖川宮日記〕○高松宮家蔵

元禄十年三月十二日辰天晴、

一、巳半剋、淑宮様・多嘉宮様・淳宮様・智徳院殿御同道ニ而女御様へ初而御成、

一、酉上剋、淑宮様・多嘉丸様・淳丸様・智徳院殿御同道ニ而還御、

山口中務丞・錦部若狭守今日宮様方初而御成御機嫌好還御御祝儀也、

七月十四日壬辰天晴曇、

一、淑宮様・多嘉宮様・淳宮様為御礼女御様へ御成、

一、午剋計女御様へ御成、未剋還御、

八月廿四日辛未天晴、

一、巳下剋、淑宮様・多嘉宮様女御様御里之御所江御成、申下剋還御、

九月三日庚辰天晴、

一、午剋、淑宮様・多嘉宮様女御様江御成、

元禄十一年正月二十三日

著袴ノ儀ヲ行フ、

編修課

（有栖川宮家司日記）○高松宮家蔵

元禄十一年正月廿三日、

一、夕嘉宮御着袴参上之衆中三条前内大臣、清水谷大納言、清閑寺中納言、藤谷宰相（〇以下八名略）

一、後ニ御参衆愛宕大納言、万里小路大納言、中御

書陵部（三号）

門大納言、

一、若宮御装束二重織半尻前張大口（御小袖）織物横目扇御髪解垂、

一、前内府殿直衣単被着冠、

一、式部卿宮御烏帽子直衣、

一、御参衆中狩衣、

一、御殿装束四方掛御簾南方捲東西相向御茵敷東方内大臣殿為御座、次若宮為御座東間（為）曹司二階棚碁盤等諸具置、

書陵部（三号）

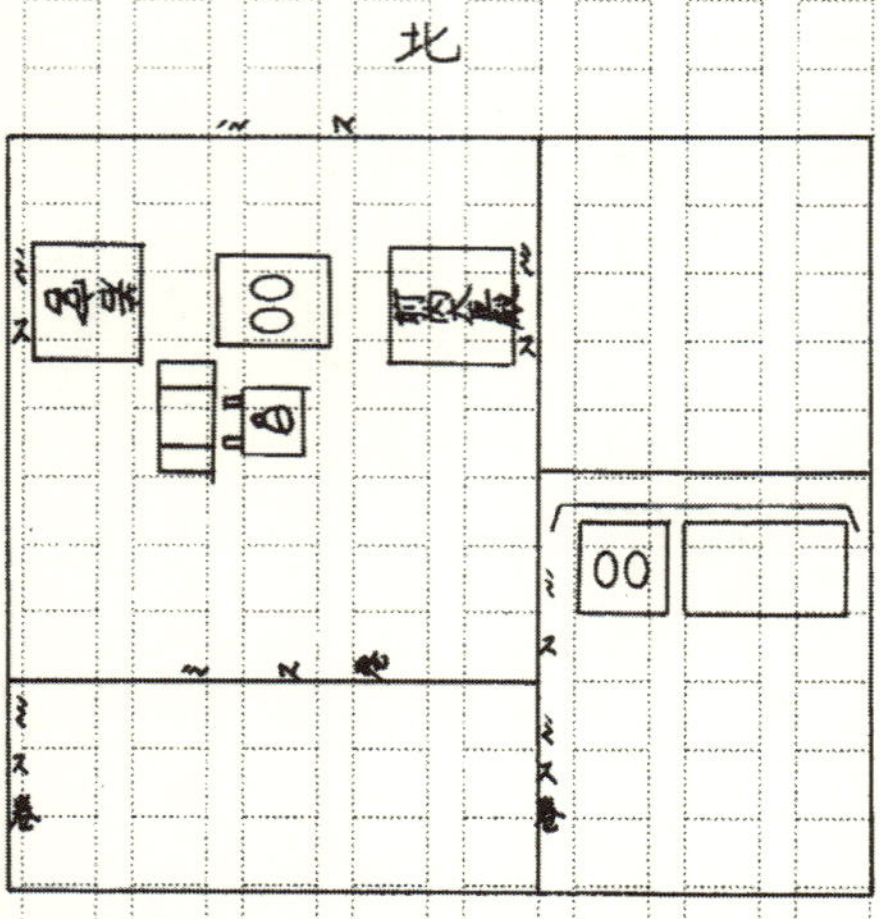

一、剋限已内府殿着座、次若宮（御乳抱持）御着座、次碁盤中央置、役送御乳女房、次甘杯、一柳筥（髪搔居置之）櫛次櫛

書陵部（三号）

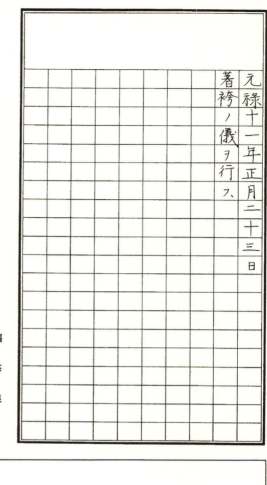

手巾、次若宮起座、盤上〔東面ニ〕給、〔清水谷大納言 清閑寺中納言 御家女房等扶〕
持次内大臣殿起座シテ西方ニ廻、御後方ヨリ
御左鬢以鬢搔分、以鋏切之、包、次御右方同切之
包、櫛手巾ニ入、還座、次若宮東方ヘ御、下御座、還
給テ着座、次櫛手巾撤、次泔杯撤、次碁盤撤、御乳
女房若宮ニ近、次内大臣殿起座シテ退出給、次
若宮御出有、
櫛手巾之内髪鋏〔常鋏入置 テ以之切〕
給包紙兼令用意、入置以中
高檀紙二枚折之内大臣殿

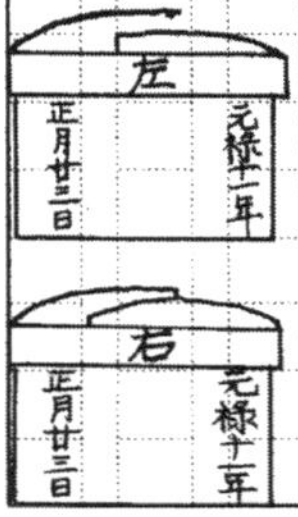

書付給、
一、二階棚有打敷

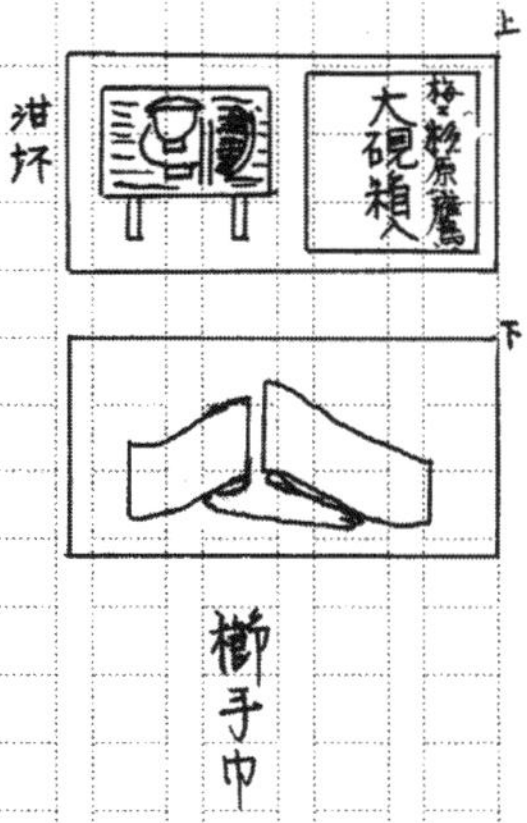

一、碁盤上ニ鴨川青石二置、若宮御指テ踏給、
一、御着袴之儀済ヒンツラ結給、

一、御着袴之儀済后如元御茵着座、御祝義有、陪膳
竹内大弼、清水谷侍従、手長諸大夫〔貞玄成宗 着布直垂〕
先御盃中央ニ置之、〔竹内〕
次式肴二〔内大臣殿 若宮〕〔竹内大弼雅永 清水谷侍従〕
次御銚子竹内杓之、数度有辞退、右先内府殿ヘ
供、其御盃若宮ニ参、一献供之、御盃持添退、
次二献御盃出如元、〔竹内〕

次鯉二〔内大臣殿 若宮 清水谷〕〔竹内〕御右方ニ居、
次御銚子竹内杓之、先若宮供、其盃内大臣殿ニ
参、一献供シテ取御盃退、
次三献御盃〔竹内〕如元出、
次鯛二〔内大臣殿 若宮 清水谷〕〔竹内〕御左方ニ居、
次御銚子竹内杓之、先内大臣殿ニ供、次若宮ヘ
参、御盃取テ退、
次鯛鯉式肴撤之〔内大臣殿 若宮 清水谷〕〔竹内〕
次内大臣殿御座退給、次若宮、
一、中英〔マヽ〕諸御座若宮御着座、供御前物、陪膳御乳女

房 左矢衛督

御杓女御上臈おるり御れう人

先折櫃物二合御前左右置之、

次打敷

次御前物六本 高杯持添

三窪器　六菓子

一御飯　五生物

二御箸　四干物

次御汁物 第三折敷居之 取平盤退

次御酒盞 乍盤御右置之取盞

次片口御銚子 三献供之

供后〓次第後為始

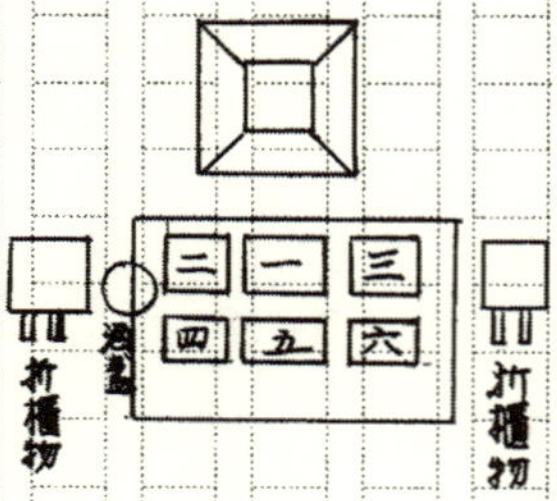

一、折櫃物二合 御厨子所預 高橋采女正調進之

白餅

一、御前物六本 采女正調進

御打敷 生平絹 盡亀甲

第一

御飯

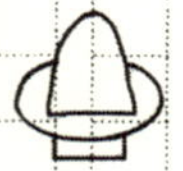

へ

第二

酢　塩

例上臈 御箸二雙 御匙一支

酒　醤

第三

海月　老海鼡代蛸

醤　牟ニ支蟇

第四

干鯛　干鮎

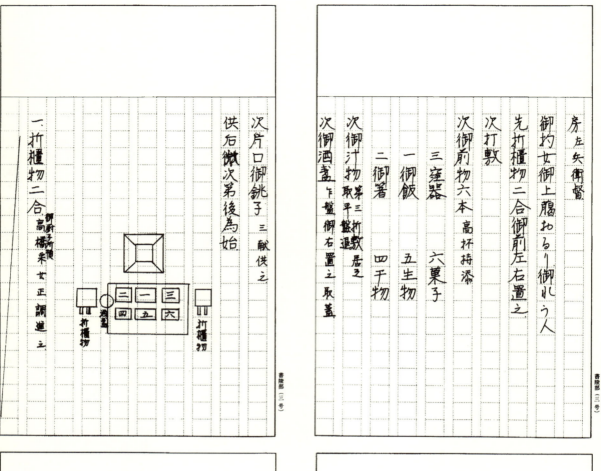

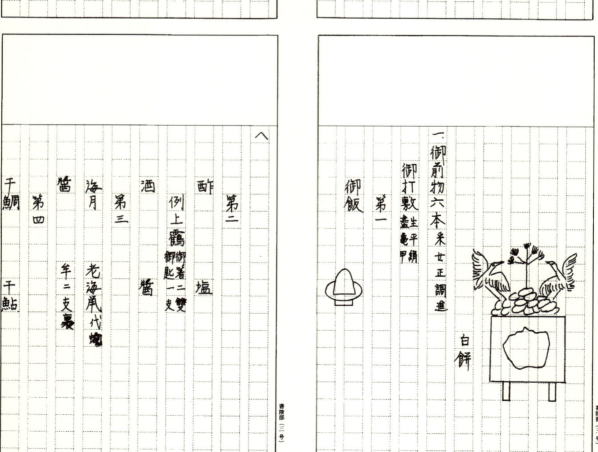

楚割　　千鳥

第五

生鳥　　鯛

鯉　　鯵

第六

鰑餬　　干柿

粉餅　　粉餅

黏臍　　柏子

御汁物　蚫居平盤

御酒盞（居平盤 有盃臺銚子）

片口御銚子温酒

以上

折敷ハ上ロヲ不張御飯カウ立ナシ、

一、右済后赤飯御吸物御酒夕御膳二汁七菜御出

入次者一汁五菜、

一、大宮ヨリ為御嘉儀行平御太刀　銀作御馬被進、

此御太刀ハ東福門院御入内之節将軍家ゟ後

水尾院ヘ献上之御太刀也、後西院ヘ被進、式部

卿宮御元服之時被進、御使貞玄、

一、仙洞御所、准后御所ゟ御肴御拝領、則為御礼御

使石見守参

（有栖川宮家諸祝儀次第書）

（包紙）「御祝儀書類」

（外題）「元禄十一年寅　貞去日次
帥宮多嘉宮御着袴書状」

元禄十一年正月廿三日多嘉宮様御着袴

御参衆

三條前内府殿　清水谷大納言

清閑寺中納言　藤谷宰相

竹内三位　押小路三位

（中略）

一若宮御装束　御乱髪

〈14

御半尻二重織前張大口御小袖織物横目扇
一式部卿宮御烏帽子直衣
一剋限已（略〇日）内府殿着座
次若宮御着座 御乳扶持
次碁盤中央置 役送御乳女房
次甘坏柳筥櫛髮搔置次櫛巾
次若宮御起座盤上ニ登給
清水谷大納言
清閑寺中納言
御乳女房扶持
次内大臣殿起座シテ西方ニ廻御後方ヨリ御
左鬢以髮搔分以鋏切之包女房役
次御右方同

分切給櫛手巾ニ入還座
次若宮東方ヘ御下御座ニ還給着座
次櫛手巾撤次甘坏撤
次碁盤撤
次内大臣殿起座而御退出
次若宮御入
次内大臣包紙ニ年号月日書付給
（略〇同）
一御着袴御作法済如元御茵御着御祝義有
陪膳 竹内大弼

清水谷侍従
手長諸大夫 着布直垂 貞玄 成宗
一先御盃一中央ニ置之 竹内
次式肴二 内大臣殿 若宮御方 竹内大弼 清水谷侍従
次御銚子 片口 温酒 竹内杓数度
内府殿有辞退後先内府殿ヘ供其御盃若宮
ニ参一献供之御盃取退
次二献御盃出
次鯉二 内府殿 若宮御方
次御銚子若宮供其盃

内府殿ニ参供取退
次三献鯛二 内府殿 若宮御方
次御銚子先内府殿ニ供而其御盃若宮ヘ参供
而退
次三献撤之
次内大臣殿御座退給次若宮
一中央髄御座若宮御着御前物六本膳（陪）膳御乳女
房
御杓 女御上臈より御ハう人
先折植物二合御前左右ニ置

次打敷

次御前物六本　次御汁物

次御酒盞　次片口御銚子　三献供之

各供而後撤次菓後為始、

一右済而後赤飯御吸物御酒

夕御膳二汁七菜

一大宮ゟ御嘉義

行平御太刀

御馬

御母公

一お莎方改小少将

後御乳改左兵衛督

一大宮ゟ小少将方へ五百足　折櫃物添

左兵衛督へ五百足　同

一御酒及数役六七人来

一内侍所へ御鈴百足

御霊社鳥目十足

一前内府殿ゟ進上御太刀馬干鯛、

此方ゟ御太刀馬干鯛串海鼠箱、

〔院中番衆所日記〕〇東山御文庫本

元禄十一年正月廿四日、式部卿宮参入、昨日ゟ嘉宮着袴為

御祝義御肴拝領御礼、

元禄十一年二月二十五日

読書始ノ儀ヲ行フ、伏原宣幸ヲ師範ト為シ、孝経

ヲ読ム、

〔有栖川宮家司日記〕○高松宮家蔵

元禄十一年二月十九日

一、伏原殿御出、御読書始之儀被仰談、来廿五日御祝之儀、御智恵粥とて白粥ニ白大豆三粒入テ奠之茶碗ニ入テ各御祝有、御家内末々ニ至迄御智恵粥とて被下之由也、御菜も無之、此儀禁中之御儀如此之由也、御十五才迄之内孝経済時此粥有之、各祝申、大学ニても済度々毎ニ其粥上テ祝之、其内之大豆食、当時御学問上のよし申、伝侍と伏原殿御申也、

廿五日、天晴、

一、天満宮御代参、今日多嘉宮御読書始之御代参も壱所相勤、足立主膳、

一、伏原三位殿へ御使、今日多嘉宮御読書始御師範之儀被仰入処、御同心御満悦ニ思召候、尚後剋侍思召候為御祝義御目録之通被進之由也、中高ニ認之、

御太刀銀馬代、昆布、鯣、干鯛一折、御樽一荷被遣之、御使豊前守、熨斗目半上下、

一、御殿装束八畳間ニ御簾掛、南一方捲、縁座敷、両

方捲御簾、

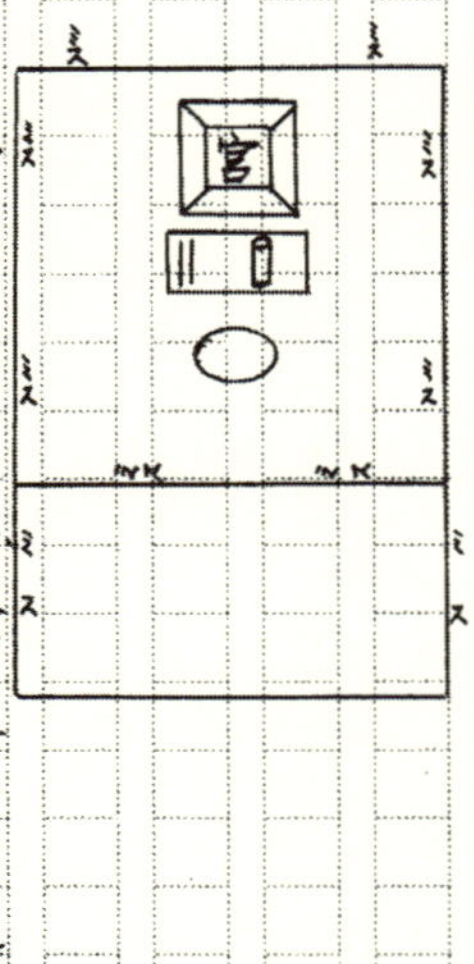

剋限若宮御茵御着座、次清水谷侍従持参文臺置、次師範宣通卿〔マヽ〕文臺際ニ進テ解紐展臺置懐中孝経取出テ内覧令持字指以字指当字読給時若宮口写給、サ字指置師範退出、扶持人取孝経巻置、若宮御入也、

一、御祝之儀、御読書済御智恵粥御茶碗ニ入御着無御菜、干物香（アキマヽ）物別ニ用意仕置、次御吸物、御酒、錫、御肴、

夕御膳二汁五菜、三方、

一、若宮御装束ヒンツラ、御半尻、生絹、御袴、横目扇

一、大宮御小直衣、指貫、伏原三位狩衣単、装束ヲ役送

狩衣、

一、御文臺ニ孝経置、御字指右ニ置、二本（紙ニ包ム）テ置、

字指伏原三位作之、進上二本、且紙ニ包、先方折テ以白紅結之、取出シテ置之、孝経八巻也、表紙柿色鳥子料紙ハ大廣紙、墨卦ヲ引外題白紙花山院入道殿御筆也、点ハ（アキマヽ）紐紫平打、

一女御様へ御智恵粥貝盡一折、
一伏原殿御帰後御使被遣、
一伏原少納言殿鮒三枚御持参、

元禄十一年二月二十六日
大學ヲ讀ミ始ム、翌十二年五月二十三日ニ至リ之レヲ竟ル、

〔有栖川宮家司日記〕○高松宮家蔵
元祿十一年二月廿六日
一今月今日若宮大學讀始被遊、

〔有栖川宮家司日記〕○高松宮家蔵
元祿十二年五月廿日、
一、伏原二位殿へ御使、多嘉宮様大学一両日之内御讀仕廻被遊、仍未之語御教可被進候、来廿三日御出可被進之由也、常御躰ニて御出可被成由申参、豊前守、
廿三日、
一、巳剋斗伏原殿御出、書（上下）多嘉宮様大學之未讀者ト云以下御教次ニ序一遍御讀被遊、（不及文臺御机）之被用、若宮御袴斗也、其後御智恵粥出、（大豆三入）其内一若

宮碗ニノ入御茶御添物無之、御香物、干物用意仕置依
御好上ル、伊藤因庵召之御粥後一献有之御帰
也、伏原殿御音物主殿被下、雖令沙汰無御沙汰
也、貞壽綱召也、
女御様ゟ生鯛一被進、此方ゟ御白粥のし添被進
一、今日多嘉宮様大学御讀仕廻被遊ニ付天満宮
へ御代参石見守、

書陵部（三号）

〔有栖川宮家司日記〕○高松宮家蔵
元禄十二年五月廿六日、
一、多嘉宮様今日ゟ論語序被遊始

書陵部（三号）

元禄十二年五月二十六日
論語ヲ讀ミ始ム、十六年十月七日ニ至リ之レヲ
竟ル、

編修課

〔有栖川宮日記〕○高松宮家蔵
元禄十六年十月七日、己卯、晴天
一、今日論語御讀仕舞ニ付御智恵粥出ル、

書陵部（三号）

〔有栖川宮家司日記〕○高松宮家蔵

元祿十六年十月七日、

一、論語今日御讀仕廻被遊、伏原殿御出之義無用可然之由ニて無其儀、御智恵粥上、白粥白大豆三入、御内上下祝也、

元祿十二年七月七日

七夕ニ當リ、梶葉ニ古今和歌集ノ歌ヲ書ク、

〔有栖川宮家司日記〕○高松宮家蔵

元祿十二年七月七日、

一、梶葉哥夕嘉宮被遊、貞玄承持御手令書、古今和哥集秋上秋風の吹にし日よりといふ哥ゟ奥七首被遊、

（○図略）

柳皮、梶皮素麺三筋ヲ以テ両方巻つけて結之、

御硯水芋葉ニ水ヲ入其水ヲ用、

元祿十二年七月二十九日

去ル二十五日、父幸仁親王薨ズ、是ノ日葬送ノ儀アリ、仍リテ大徳寺ニ使ヲ遣シテ焼香セシム、尋イデ八月一日、同寺ニ參詣シ、法事ヲ聽聞ス、後屢、同寺ニ參詣ス、尚、未ダ八歳ニ滿タザルヲ以テ、喪ニ服サズ、

〔有栖川宮日記〕〇高松宮家蔵

元禄十二年七月廿四日辛卯曇天

一式部卿宮様及御大切ニ付色々御薬被上元端

道晃御園玄皓梅安知新交々窺御脈御療治不

相叶ニ付御静ニ中座被被遊、丑刻薨去、

廿九日丙申天晴

一戌中刻御出門、廣御殿従中間御轅出、

（〇行列略）

一廣御殿庭上ゟ北惣門迄東松明二丁上首諸大

夫町中者挑燈弐大徳寺四足門之内門入御轅

書陵部（三号）

立諸大夫四人着素服直垂下高二人東松明上

首二人持香炉、於此所僧二人出向先ニ立、大徳

寺一山掃除挑燈立、於龍光院客殿縁御引導梅谷

和尚一山諷経、御太刀一腰木工頭渡之、次被葬御廟所、

豊前守右馬権頭残有之塔婆立后退出、次御法事聴聞之後退出、

一御引導后木工頭御名代令焼香、次諸大夫四人

焼香、

書陵部（三号）

〔有栖川宮日記〕〇高松宮家蔵

元禄十二年八月朔日丁酉天晴

一大徳寺御法事所詰番豊前守、右馬権頭素服直

垂中川大学、原平内長上下新林吉左衛門六瀬

伊右衛門

巳刻斗宮方御参詣多嘉宮様常御着用袴御供侍三人近習二人〈

廿五日辛酉雨天辰刻斗ゟ晴

一御月忌御法事半斎、藤木右馬権頭、山本主頭、戸

田織部、新林吉左衛門参

一多嘉宮様淑宮様辰下刻御参小少将、少納言、中

書陵部（三号）

津くら、土佐左兵衛督午半刻還御

九月十五日庚辰、雨天、

一依七々日御法事大徳寺へ矢嶋豊前守、藤木右

馬権頭、戸田織部相詰

一、巳刻多嘉宮様、淑宮様御参詣小少将、少納言、中

津、藤木おいく、おつな、おりく、おさき、おくら、お

くの貞寿お吉〈御詰御法事御聴聞午下刻還

御

書陵部（三号）

〔有栖川宮日記〕○高松宮家蔵

元禄十二年十月六日　庚午天陰

一、百ヶ日御法事（絶脱）鬼ニ付龍光院ヘ矢嶋豊前守、藤木右馬権頭（在）（藤木カ）藤木喜内、波多監物、長上下着

一、巳下剋龍光院ヘ淑宮様、多嘉宮様御相輿御廟ヘ大弐、小少将、少納言、中津おさき、おくの、お調

御供午后刻還御、

中津乗物三人、

小性衆二人駕籠

淑宮様ゟ折本八巻経一部被進札有

〔有栖川宮家司日記〕○高松宮家蔵

元禄十二年八月朔日、

一、巳剋斗御参詣御法事御聴聞

多嘉宮様青侍三人内諸大夫一人近習二人

常御髪御袴御着用左兵衛督奉成左兵衛督

八長かもし、

淑宮様侍二人近習二人素服御着用土佐奉

成同断笠籠御挟箱中間二人小者一人小少

将殿乗物着上下中間一人乗物三人、

少納言乗物三人、

〔有栖川宮家司日記〕○高松宮家蔵

元禄十二年八月廿五日、雨天巳剋ゟ止

一、御月忌御法事半斎木工頭右馬権頭戸田織部

新林吉左衛門参、

一、多嘉宮様淑宮様御参詣、御供侍如前小少将殿

（中略）乗物三丁、かこ弐丁、辰下剋御成宝鏡寺様

霊鑑寺様御参詣、

〔有栖川宮家司日記〕○高松宮家蔵
元禄十二年九月十七日、
一、大門ヲ開、女御様ニも今日素服御脱被遊之由
故、淑宮様御同前、次諸大夫四人素服ヲ脱、各掛
湯改火、御精進解、御家来尤然り、各髪爪改取、多
嘉宮様御服常御服也、御八才未満故也、

〔有栖川宮家司日記〕○高松宮家蔵
元禄十二年十月四日、
一、本空院宮来六日御百ヶ日依之御法事料白銀
五枚為持遣、御使吉左衛門、女御様ゟも御香奠
五枚〔則同〕今道持参、
六日、
一、本空院宮御百ヶ日御法事、施餓鬼衆僧廿八人、
右馬権頭、豊前守布直垂着座、法事済、右御霊前ニ
焼香拝、次帰ニ長老タンリョノ僧ヘ令礼、水向
方ニ行水向指シテ退、御参詣後剋被為有候故
無御名代、能登守看長上下相詰、喜内、監物同前、
焼香ハ後剋可有候僧中着座故也、
一、百ヶ日之取様、初四十九日ニ五十日ニて九十九
日目ヲ取之由也、都合百ヶ日も取由、先先於龍
光院如此、故其通御法事六半ニ始也、
霊鑑寺様、賢宮様、宝鏡寺様御成、多嘉宮様淑
宮様御相輿、御供侍五人、小少将（略。中）其外御
内之女房貞寿、綱参、

元禄十二年八月十三日
七観音院ヲ召シ、加持ヲ修セシム、

〔有栖川宮日記〕○高松宮家蔵
元禄十二年八月十三日己酉天陰少雨
一、七観音院伺公、於御書院多嘉宮様御加持奉修
也

元禄十二年十一月六日
去月下旬疱瘡ニ罹リシガ、漸次快方ニ向ヒ、是ノ
日酒湯ヲ浴ス、

〔有栖川宮日記〕○高松宮家蔵
元禄十二年十月廿六日庚寅天晴
一、多嘉宮様御疱瘡廿三日晩ゟ御熱有之、昨夜御
出物被為見、依之淑宮様・智徳院殿へ御成、
廿九日癸巳曇天
一、両傳へ御疱瘡之儀相極付口上書遣ス、
一、了禅伺公、御齋被下、
口状之覚
有栖川殿此間少々御熱御座候処、御疱瘡ニ相極、少
少被為出候而軽キ御事ニ御座候、則石川仲安

宿仕御薬被召上候、為御届如此ニ御座候、以上、
十月廿九日　有栖川殿御内
藤木右馬権頭
矢嶋豊前守
柳原前大納言様御内
堀内内蔵助殿
正親町前大納言様御内
多田弾正殿
西池左近殿
岡田監物殿
柳原殿へ門外迄持参、御刺《ラ》参《て》も御座候て重
而可申入候由申遣、御使新林吉左衛門、
一、伏長老画剋御出、北御門之儀淑宮様今度智徳

院殿ニ被成御成ニ付御疱瘡之限候ヘハ御門
之間内々通路可相止之由度々御申ニ付両傳
ヘ御疱瘡御断之上候ヘ者此度も其了簡可有
御座候間明日ゟ明可申候、重而義者何茂御相談之
上兎角宜様ニ御相談可申候〆之由右馬権頭、
豊前守申ス、
十一月五日、己亥、天晴陰、
一多嘉宮様明日御酒湯被為〆召候ニ付、淑宮様
今日宝鏡寺様へ御成、彼方ゟ御迎参由也、
六日、庚子、天晴、
一今日御酒湯ニ付御霊社へ御代参藤木隼人御
初尾金子百疋、

（有栖川宮家司日記）○高松宮家蔵
元禄十二年十月廿九日、
一柳原殿へ書付遣
口状之覚
有栖川殿此間御熱御座候処御疱瘡ニ相極
少々被為出候而軽御事ニ御座候、則石川仲
安宿仕御薬被差上候、為御届如此ニ御座候、
以上
十月廿九日　有栖川殿御内
藤木右馬権頭
矢嶋豊前守
柳原前大納言様御内
口上ニて御別條も御座候ハゝ重而可申入候
柳原殿門外ゟ申入答也、御使吉左衛門、
十一月六日、
一今日御酒湯召、白水酒入女房方ニて鼡糞麦石
昌入之由也、於御湯殿午剋斗被召、
八日、
一二番御湯慶安、中安参、
十日、

一、三番御湯召仕廻

「有栖川宮家諸祝儀次第書」○高松宮家蔵
（外題）
「寄書上」

病

正仁親王御疱瘡

一、元禄十二年十一月六日、ゟ嘉宮様御疱瘡御酒湯医師衆御料理被下、
白強飯御祝有、
綿五把白銀五枚一荷二種　石川仲安
鱧一折弐金三百足　人見慶安
鱧一折ニ　畑柳圓
御霊御初尾百足藤木主馬へ百足七観音院
百足

元禄十三年三月二十一日
初メテ仙洞御所ニ参入シ、上皇霊元ニ謁見ス、

〔有栖川宮日記〕○高松宮家蔵

元禄十三年三月十八日辛亥、天晴

一清閑寺殿酉剋御出、来廿一日多嘉宮御方へ仙洞御對面可被遊候間、御参院被遊候様ニ被仰出候、剋限之儀重而可被仰出由也、

十九日壬子、天晴曇、

一多嘉宮様来ル廿一日初而御参院被遊、依之大徳寺御廟へ今日御代参山本木工頭、

廿一日甲寅、天陰、

一仙洞様へ今日御参ニ付御肴被献、新大納言殿迄如例表取次所ゟ上ル、御使藤木右馬権頭、

一女御様ゟ仙洞様へ大弐被進、今日多嘉宮様御参之少前ニ被参、此義兼而被仰入如此、

一午下剋斗仙洞様へ御参、酉半剋還御、

御着用物半尻、前張大口、横目扇、御小袖黒紅梅、御守刀、御随身御供、矢嶋豊前守、近習二人、青侍三人、御板輿也、左兵衛督、東物御供也、

仙洞様御輿寄ゟ如姫宮方御参、表使出向、御輿入、御供侍輿上ル、御左兵衛督御輿寄士戸様ゟ下来則御供ニて被上、

申下剋還御、御礼使之義兼而御相談及、在者明日可被上之由也、

廿二日乙卯、雨下、

一仙洞様昨日初而御参院、為御禮御使被上、従淑宮様花御拝領、御禮之御口上申入、右為例式家之取次所ゟ新大納言御局迄被仰入、御使矢嶋豊前守、

一従国宮様昨日之御祝今日御使被進候、為御祝御使被進、新大納言殿ゟも御口上有之、

〔有栖川宮家司日記〕○高松宮家蔵

元禄十三年三月廿一日、

一今日御参院ニ付仙洞様へ生鯛一折ニ被献、御使右馬権頭、常上下、女御様ゟも今日為御礼御使御肴一折被進、大弐為御使被参、多嘉宮様初而御参、御礼又ハ左兵衛督初而之事故差引之為也、

元禄十三年五月十九日

高野山慈眼堂ニ先考幸仁親王ノ日拜料ヲ寄進シ、又遺髪ヲ納ム、

〔有栖川宮家司日記〕○高松宮家蔵

元禄十三年五月十七日

一高野山へ本空院様御為日拝金弐百小少将殿ゟ請取令持参、御髪一包も納申様請取持参、

十九日　天晴陰

一高野山へ参於慈眼院

本空院様日拝金壹歩八切渡之

本空院様御為ニ月拝貞玄奉納百疋、

小少将殿ゟ頼之月拝二百疋相渡、

□院法印へ逢、頼中興院へ参詣、夫ゟ慈眼院ニて右之御法事一座聴聞為鎮霊報恩之為ニ

経木水向奥院ニ持参、

元禄十三年七月二十五日

幸仁親王ノ一周忌ニ当リ、大徳寺龍光院ニ於テ法事ヲ修セシメ、参詣ス、

〔有栖川宮家司日記〕○高松宮家蔵

元禄十三年七月十六日、

一、本空院様御一周忌ニ付、為御香奠百足被努度求五十足監物献上之由、権頭迄申来、

十九日、

一、龍光院役廻蔵主圓徳伺公、貞玄対申述、御一周忌近日ニ候、軽御法事被仰付間、御逮夜當日為料銀廿枚被遣候、御逮夜當日被相勤候様ニ申渡、此間御内意も聞候故、女御様ゟも御香奠廿十枚参候由候間、去年も御志之義被執行候、若

相連右乾右馬権頭参詣、淑宮様ゟ法花経一部桁本柳筥ニ居、以中高包之、以白紅水引結付札、淑宮御方、小少将方ゟ御香奠弐百足、

〔中略〕

右令持参、

一、御法事為聴聞御参、小少将殿、乗物三人中間下女乗物弐人、

一、女御様ゟ御使長門守長上下

御香奠白銀拾枚付札なし

此儀御法事申渡時為心得申述

書陵部（三号）

其御儀心得も可有之哉申入由申度、御法事之儀書付可給由申早、

廿日、

一、龍光院ゟ圓徳来、御法事之書付来、

廿四日午時金剛経

廿五日施餓鬼朝六ツ之由、

聴聞御出入衆、斎可振廻之由也、

廿四日、

一、御逮夜御法事ニ付、四時矢嶋豊前守、山本木工頭龍光院ヘ相詰、着布直垂、中間草履取挟箱持

書陵部（三号）

上臈三人ゟ百足ツヽ、

大弐ゟ(金書足箱男ゟ)鳥目五十足

取次三人ゟ鳥目五十足宛

右持参也、

一、御逮夜御法事巳剋金剛経、衆僧廿五六人、長老二人、有非時、聴聞御出入衆、御内詰衆十一人、御非時有、御法事上焼香御名代斗、

廿五日、天晴

一、巳剋施餓鬼衆僧六十五人、有斎、長老退出之節貞玄一礼申、

書陵部（三号）

一、多嘉宮様御半尻、淑宮様御法事御聴聞、多嘉宮様ハ依御違例早還御也、小少将乗物三人中間少納言乗物御乳両人駕籠、

元禄十三年八月一日

忌明ニ依リ、邸内ノ火ヲ改メ、掛湯ヲ為ス、九月一日、忌明後初メテ女御御所幸子女王ニ参入、尋イデ参内、東山ニシテ御對面アリ、

〔有栖川宮家司日記〕○高松宮家蔵

元禄十三年六月五日、

一、清水谷殿ヘ参、此間仰之除服之義申承、可為其侭、

尚清閑寺殿梅小殿〔路脱カ〕ヘ可申達由也、

六日、

一、清閑寺殿梅小路殿ヘ参、除服御沙汰之義石見跡目之事申入、除服之事先可為其分之由也、八朔已後御参内之事も申入、

八月朔日、天晴、

一、昨夜半ゟ火改、今朝清御掛湯、御内惣下〻迄水掛ル、局其外火改早、

一、鎮守社昨日御掃除被申付、今朝御酒洗米飛魚等、鎮守社、大國王尊ニ備供之、成恒役之、御供御内祝之、

一、御掛湯半尻〉御着用、鎮守社御拝、淑宮様ニも御拝、

〔有栖川宮家司日記〕○高松宮家蔵

元禄十三年九月一日

一、已剋多嘉宮様女御様へ被為成、及暮還御□御服明已後初而禁中様両宮へ御對面之由也、小机硯多嘉宮様御拝領也、

〔有栖川宮家司日記〕○高松宮家蔵

元禄十三年九月卅日

一、清水谷殿ゟ今朝御案内今日百人一首御讀久世御殿ノ可有之由也、則午中剋御出、百人一首七首御讀二返つゝ、御口写有之、豊前守新写ニ□付御教可申由也、此時御袴御着用、御習已後御酒出一献進之、

十月二日

一、清水谷殿一昨日百人一首御教始故、御肴一種被遣御使、

元禄十三年九月三十日

清水谷實業ニ就キテ百人一首ヲ讀習ス、

元禄十四年正月一日

八歳ニ逹セルヲ以テ、髮ヲ金本結ト為シ、半尻ノ袴ヲ著ス、

〔有栖川宮日記〕○高松宮家蔵

元禄十四年正月元日己丑、天晴、

一今日ゟ御髪以金本結〻半尻御袴被着御、

〔有栖川宮家司日記〕○高松宮家蔵

元禄十四年正月元日、

一御髪今日ゟ金本結結也、御八歳、正月ゟ如此半尻御着用之時也、此儀仙洞御所新大納言殿へ清閑寺殿御尋治定也、

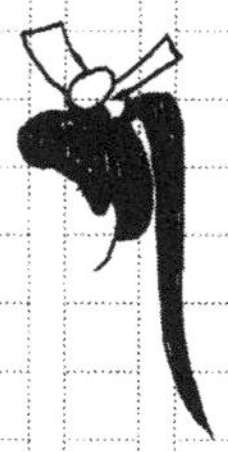

元禄十四年五月十三日

初メテ百人一首ヲ書写ス、

〔有栖川宮家司日記〕○高松宮家蔵

元禄十四年五月十三日、

一百人一首初御哥書、故御智恵粥上ル、御内祝也、

少〻御出入有御酒、女御様へハ不被進、

元禄十四年五月二十八日

藤原清閑寺共子幸仁親王生母ノ七回忌ニ當リ、報恩寺ニ於テ法事ヲ修セシム、二十九日又同ジ、

〔有栖川宮日記〕○高松宮家蔵

元禄十四年五月廿五日辛亥曇天

一報恩寺御宿坊光秀院戌山吟ニ遣、則来、藤木右馬権頭申渡ス、来ル廿九日高嶽院殿御七回忌ニ付御法事両日相勤可申由被仰付通申渡ス、則御法事料白銀三十両相渡ス也、

廿六日壬子曇天

一報恩寺ゟ以使僧御法事之書付指上ル、

高嶽院様七回忌御法事覚

廿八日 昼 日中偈讀経 午刻

同 晩 讃鐃初夜偈 申刻

廿九日 朝 讀経半齋會 卯半刻

同 昼 讃鈸施餓鬼 巳刻

以上

廿八日甲寅晴天

一高岳院様御七回忌ニ付於報恩寺今日御法事被仰付、依之諸大夫壱人、近習壱人、侍衆壱人午刻ゟ相詰也、

廿九日乙卯曇天

一高岳院様七回御忌ニ付伏長老為御齋御出貞蔵主了禅芝田許村田素元親康喜安御齋被下、

御内下〻迄御齋被下、

一報恩寺江御法事ニ付卯刻ゟ藤木右馬権頭中川大学新林吉左衛門相詰、巳刻ゟ山本木工頭相詰御代参相勤、

元禄十四年六月五日
中院通茂ヲ招請シ、詠歌大概ヲ讀習ス、

〔有栖川宮日記〕○高松宮家蔵
元禄十四年六月五日、
一、中院大納言殿御出、詠哥大概右馬権頭讀申上
御聞御直御口写可申上之由也、

元禄十四年七月二十四日
幸仁親王ノ三回忌ニ當リ、大徳寺龍光院ニ於テ
法事ヲ修セシメ、参詣シテ聽聞ス、二十五日又参
詣シテ法事ヲ聽聞ス、

〔有栖川宮日記〕○高松宮家蔵
元禄十四年七月廿日、乙巳、曇天、
一、伏長老江御使、本空院様三回御忌ニ付御法事
有之候ニ付、御菓子被遣也、御使中川大学、藤木
駿河守、七観音院、山口中務丞、
一、龍光院之役者昨日被召遣、則参上、来廿五日本
空院様三回御忌ニ付、御法事逮夜當日被仰付、
御法事料白銀廿枚、此旨申渡ス、
廿二日、丁未、晴天、
一、大徳寺江廿五日之為御法事料白銀貳十枚被

遣御使右同人（新林吉左衛門）
一大徳寺ニ而廿四日五日御法事之覚
廿四日午時金剛経
廿五日午時大施餓鬼
廿四日己酉天晴
一本空院様就三回御忌御逮夜御法事有之ニ付
藤木右馬権頭中川大学新林吉左衛門堀崎兵
右衛門相詰諸大夫布直垂
近習長上下
一巳半刻龍光院御法事始金剛経衆僧廿五人梅
小路殿御聴聞御法事相済御退出（中略）其

廟前之御香炉御寄進
一仙洞様ゟ今日大徳寺へ御香奠三百疋上北面
羽倉縫殿頭狩衣着持参此御所へ御菓子御拝
領右為御礼御使新大納言殿迄被進矢嶋豊前
守
一巳刻有栖川様御供青侍三人藤木右馬権頭
藤木隼人同主殿岡本右京淑
宮様御供川添玄蕃藤木豊後守青侍二人小少
将方中津（中略）御供御法事相
済未刻還御
一大徳寺於龍光院御法事巳刻大施餓鬼衆僧五

十三人斗堂上方御焼香有之御出入之衆中御
法事以後非時出
一女御様ゟ宮様方御聴聞所堂上方御聴聞所へ
御菓子二蓋被進
一准后様ゟ御法事付御菓子被進右為御礼御
使矢嶋豊前守
一岡宮様新大納言殿ゟ御法事付御菓子被進
一御寺請御法事済還御之後早々各退出處□（ヒ）龍光院行者
圓徳へ自足如去年被下

後此御殿へ御出入御膳出山本素軒（芝田許）御相伴
（御半尻御着用）
一有栖川様巳刻龍光院へ御参詣御法事御聴聞
御供青侍三人矢嶋豊前守小少将方少納言左
藤木隼人同主殿岡本左京
兵衛督御供未刻還御
一龍光院へ御贈経御香奠御参詣之衆事別帳有
之
廿五日庚戌天晴
一御法事付矢嶋豊前守中川大学新林吉左衛門
美濃部九郎左衛門未明ゟ相詰諸大夫布直垂
近習長上下
一女御様ゟ龍光院へ打敷御寄進此御所ゟも御

（有栖川宮家司日記）○高松宮家蔵

元禄十四年七月十九日。

一、大徳寺龍光院役者一人御法事之儀可申談候間今明日之内可有参上之由梅岩へ権頭豊前ゟ手紙遣、

一、大徳寺龍光院役者（アキマヽ）来、権頭対シテ申渡則書付遣、来廿五日本空院尊儀御三年忌御逮夜当日御法事料白銀弐拾枚如此書付遣、

廿二日。

一、御法事料銀弐拾枚為持遣、御使新林吉左衛門

一、御法事書付

廿四日午時金剛経

廿五日午時大施餓鬼

廿四日。天晴。

一、淑宮様ゟ八巻経一部（柳宮檀紙包）付札淑宮御方

小少将方ゟ御香奠弐百疋付札

一、昨日女御様ゟ大徳寺へ御使荒木能登守持参、御香奠銀十枚御打敷（白唐織）御寄進、

一、巳上剋ゟ嘉宮様大徳寺へ御成（○装束・供奉等略）小少将殿乗物一（四人中間 一人下女）少納言乗物二人左兵衛督

乗物弐人

一、大徳寺御法事女中御聴聞所仏前西脇御簾有、公家衆御聴聞所西壱間之縁ニ畳敷御簾掛御聴聞之時捲御簾、諸大夫両人（成宗 貞玄）中川大学長上下、

一、御法事金剛経長老二人（外ニ七観音院伺公）其以下廿五六人衆僧有法事済有齋、諸大夫礼ニ不及、僧衆退出、

廿五日。

一、大徳寺詰七ツ半ニ行豊前守中川大学新林吉左衛門ミの部九郎左衛門。

一、仙洞様ゟ大徳寺へ御焼香使羽倉縫殿頭三百疋持参、備御霊前焼香、着狩衣伺公、貞玄取次、輪番長老可被出向之由雖申不間合ニシテ無其義、

昨日梅小路殿御申長老院使ニ出向可然先年も其沙汰如何之由有之、此度山本素軒ニ内語可申之由御申ニ付今朝其段雖相通急故無其義退出、二尊院其外寺ニてもケ様之節有其義之由也、

一、御廟前香炉御寄進有、

一、巳半剋大徳寺へ御成ゟ嘉宮様御供如昨日右

馬権頭并岡本右京今日御供申、淑宮様御代川添玄番藤木豊後守侍二人、小少将殿中津土佐左兵衛（御供申）皆如昨日

一、御法事大施餓鬼衆僧五十三人長老二人有非時、御出入衆御内衆等廿人余非時有、宮様方公家衆之御方へ御菓子、餅煮染等杉折二御弁ゟ出、御法事前進上申、此方ゟ焼饅頭粽煮染物御酒等持参進上申、女御様ゟ御菓子二蓋被進、

一、御法事済還御、其后御霊前拝輪番僧中へ一礼申長老へ礼ニ行早々各退出、円徳ニ如去年百足遣

元禄十五年正月二十三日

紐直ノ祝儀ヲ行フ、九條輔實室益子内親王〔後西天皇皇女〕ヨリ帯二筋其ノ他ヲ受領ス、

〔有栖川宮日記〕○高松宮家蔵

元禄十五年正月七日己丑晴天

一、土御門兵部少輔殿ゟ御紐直之勘文来、先魁此方ゟ頼被遣衆也、

御ひもおとしの日時

今月廿三日きのとのミ　時たつ

廿四日ひのへむま　時むま

元禄十五年正月七日　やす連

廿二日甲辰天晴

一、賢宮様宝鏡寺様霊鑑寺様へ御使明日多嘉宮

編修課

○下段左側史料の図中の弧線は朱筆である。

様御紐直し付御成被遊被進候様ニと被仰進候
處御三方様共ニ御断被仰進、御使中川大学、
廿三日、乙巳、
一、兼而陰陽頭被撰申勘文依吉日今日御紐被直
一、兼而女御方々賢宮御方へ被仰入御帯被進、
御使大崎内記、御對面御口祝被下、御祝儀等被
下之、
一、御殿装束　奥御間四方御屏風捲、東方厚畳上敷御（御後引屏風）
茵、為御座、剋限辰、御着座、御半尻御袴御乱髪御先折櫃物ニ
合、御前置、御乳之女房御役、次式肴三献、鯉鯛片口御銚子

御配膳加て御礼ノ人（御手長御乳女房）九献供之、撤后於常御座
御祝有強飯、
一、女御様ゟ御使錦部長門守、御對面御口祝被下
一、仙洞様ゟ御使呉服一重、生鯛一折、三被進、御使
松宮半之進、
一、閑宮様ゟ生鯛一折ニ為御祝儀被進、
廿四日、丙午、天晴、
一、土御門殿へ御使昨日御紐直し勘文調進故御
祝儀大方ニ御使被遣御音物有、御使小栗甚左衛
門、

（有栖川宮家司日記）○高松宮家蔵
元禄十五年正月廿三日、天晴陰、
一、兼而陰陽頭被調勘文今日依吉日御紐直し、
一、賢宮様ゟ御使大崎内記、熨斗目、御帯二筋、縫錦入、
御下帯白赤二筋、干鯛一箱被進、御使赤飯御酒
被下、御對面御口祝被下、御使祿百疋被下、
一、今日上臈為配膳おさて御れう人伺公、御祝済、赤
飯御盃等被下、御目録百疋被下、
一、御祝剋限時辰、宮御着用御半尻御袴御乱髪御檜扇
御殿装束（奥御座間）奥御間

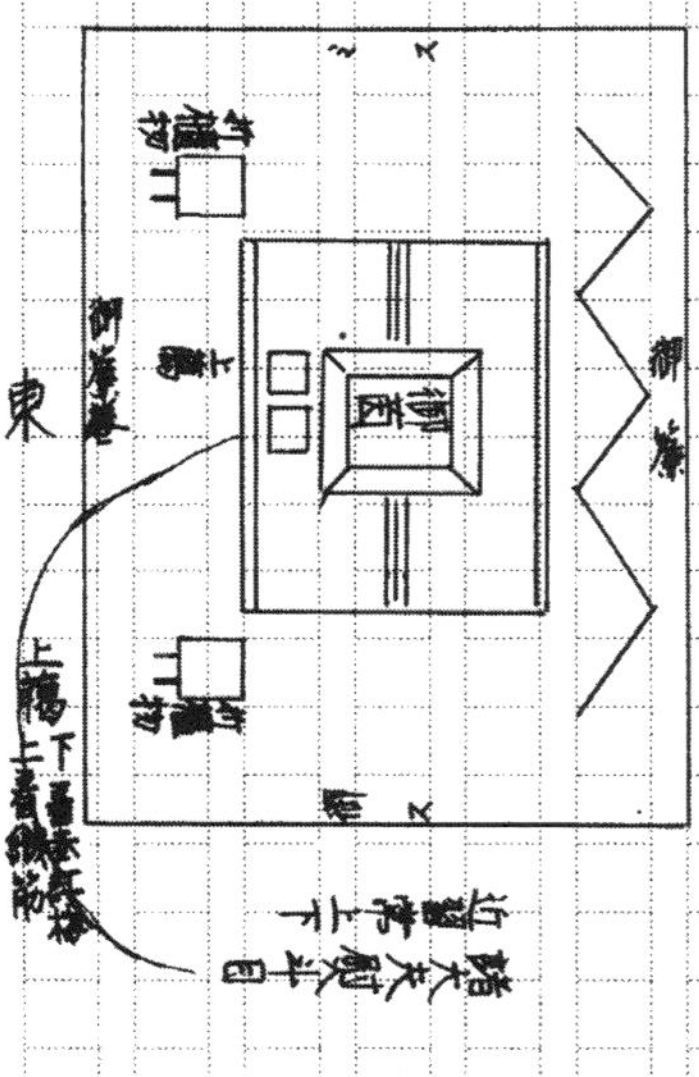

剋限御帯被着替御半尻御着用御着座先折櫃（御乳女房置）
物ニ合御前ニ置、次式肴三献、鯉鯛片口御銚子
御配膳おさて御れう人（御手長左兵衛督）済、赤飯御祝有之、

一、女御様ゟ御使錦部長門守御口祝被下、御小袖
二黒紅梅白生鱈一折ニ左兵衛督ヘ帯被下、
一、仙洞様ゟ御使供衆赤飯御酒被下、御小袖白段子
生鯛一折ニ、竹内殿於御書院御返答被仰上、
右御礼使右馬権頭次自此方御献上蚫一折十
御使豊前守、
一、賢宮様御礼使右馬権頭熨斗目紗綾一巻、生鱈
一折ニ御銚子加 右御目録赤飯一蓋壱所ニ被
進、

書陵部（三号）

元禄十五年七月一日
初メテ和歌ヲ詠ズ、七日序ヲ以テ上皇霊元ノ御覧
ニ供シ、叡感ヲ蒙ル。

編修課

〔有栖川宮家司日記〕○高松宮家蔵
元禄十五年七月朔日、
一、多賀宮様御哥被遊中川大学ニ可書付之由被
仰之由也、
扇絵桜咲山下ニ小松鶉有
桜咲とを山ちかきふか草の
小松の根にそうつら鳴なり
扇絵柳の下ニ流水木の旁ニ蛍あり
青柳の下にし水のなかるれは
蛍のひかりうつるなりけり

書陵部（三号）

四日、
一、清水谷殿ヘ宮御哥申入処珍重之由ニて則御
書付也、
八日、
一、清水谷殿ヘ参御逢御返事様子承由申、小少将
殿之義申承格ハ若宮思召候間残置しんめう
等被仕様之義申早、宮御哥之儀被仰聞仙洞様
ヘ七夕之哥被窺之序被入御覧処御小人ラシ
ク大様成詞之思召入珍重之由仰之旨被仰聞
御筆ニも無之承書付物故御添削之事も難成

書陵部（三号）

其分之由也

元禄十五年九月三日
古今和歌集ヲ習ヒ竟ル、

〔有栖川宮家司日記〕○高松宮家蔵
元禄十五年九月四日
一昨三日夕嘉宮様古今一部御習済、依之為御嘉
義一献一種頂戴、

元禄十五年十二月十五日
上皇霊元ヨリ後西天皇宸筆ノ御手本ヲ拝領シ、手
習始ヲ行フ、

〔有栖川宮家司日記〕 ○高松宮家蔵

元禄十五年十二月十五日

一多嘉宮様御手習始今日依吉日也、御手本後西院様天筆之御手本、此義先頃仙洞様・淑公御方へ御沙汰之由、来年御手習被成由御申之處幸ゝ手書始之事也、如何之由仰ニ付今日如此、

天満宮へ御代参喜内、青銅十足御初尾、

元禄十六年二月二日

中院通茂ヲ招請シ、拾遺和歌集ヲ習ヒ始ム、

〔有栖川宮日記〕 ○高松宮家蔵

元禄十六年二月二日丁丑天晴

一中院大納言殿巳剋御出、今日ゟ初而拾遺集御習、同剋御帰、

元禄十六年四月九日

幕府ノ禁令ニ依リ、知行地内ノ煙草ノ耕作ヲ半減セシム、

［有栖川宮日記］○高松宮家蔵

元禄十六年四月九日甲申曇天

一柳原大納言殿へ多葉粉改帳重而書被改為持

被遣、御使上岸勝右衛門

有栖川殿御知行所

一山城國高弐拾七石七斗八升八合　元禄十五午年たはこ作り候所之

此町反歩弐町五反七畝

此訳　當未年多葉粉相止穀類

壱町弐反八畝拾五歩　作り可申所之

當未年多葉粉作り可申所之

壱町弐反八畝拾五歩

右之通ニ御座候以上

元禄十六年未四月九日

有栖川殿御内　藤木右馬権頭

矢嶋豊前守

柳原前大納言様御内　堀内内蔵助殿

高野前中納言様御内　多田弾正殿

渡部伊織殿

中村主計殿

右表書

有栖川殿御知行所多葉粉地改帳

［徳川禁令考］四十四

元禄十五午年十二月

たはこ作之儀當年迄作り来候半分可作事

覚

前々よりたはこ粉本田畑ニ作り間敷旨度々相觸候得共、連々たはこ大分作出し候、来年たはこ作候儀當年迄作来候半分作之、残半分之處ニハ土地相應之穀類可作之候、若相背輩於有之ハ可爲曲事者也、

午十二月

元禄十六年十月八日

生田英全ヲ召シ、大學ノ講釋ヲ聽聞ス、爾後三・八ノ日ヲ定日トシテ講釋セシメ、十二月十八日之レヲ竟ル、

〔有栖川宮日記〕○高松宮家蔵
元禄十六年十月七日巳卯晴天
一 清閑寺弁殿梅小路右京大夫殿へ明日ゟ大學
之講釈被仰付候ニ付被仰遣上岸勝右衛門
八日庚辰晴天
一 生田英全参上大學御講釈御発端依之梅小路
右京大夫殿清閑寺弁殿御出巳剋始午剋ニ終
各々同下剋御帰
十三日乙酉晴天
一 清閑寺弁殿梅小路右京大夫殿巳剋御講釈ニ

付御成午剋御帰
十一月三日乙巳天晴
一 大學講談生田英全伺公
一、清閑寺辨殿御出、梅小路右京大夫殿御断
八日庚戌天晴
一 生田英全伺公大学講尺清閑寺弁殿御出梅小
路右京大夫殿御不参
十三日乙卯天晴
一 生田英全伺公清閑寺弁殿御出大学講尺有
十八日庚申時々雪

一 生田英全伺公大学講尺有付清閑寺辨殿梅小
路右京大夫殿御出
廿三日乙丑天晴
一、生田英全伺公大学講談清閑寺弁殿御出梅小
路右京大夫殿御所労ニ而御断
廿八日庚午天晴
一 生田英全伺公大学講談有之清閑寺弁殿御出梅
小路右京大夫殿御所労ニて御断申来

〔有栖川宮家司日記〕○高松宮家蔵
元禄十六年十月七日、
一、生田英全召ニ被遣、御講談之義談之、三八ニ大
学御講尺朝飯後可有之由申談也、清閑寺弁殿梅
小路殿、右之御案内以御使被仰入、
八日、
一、生田英全巳剋伺公、大学始而御講尺、先臺御覧
宮様御机清閑寺弁殿梅小路右京大夫殿為御
相伴御出、御聞済右初而之事故御酒三献出、
十三日、

一、巳剋大学御講尺英全伺公清閑寺殿梅小路殿
御出、
十八日。
一、大学序御講尺典禮ゟ生田英仙梅小路右京大
夫殿清閑寺弁殿、
廿三日。
一、大学御講三綱領右京大夫殿弁殿御出英全伺
公午剋各御帰、
廿八日。
一、大学御講談英全伺公御酒被下、右京大夫殿清
閑寺弁殿御出八條目被講之、
十一月三日。
一、大学御講尺英全伺公清閑寺弁殿御出、
八日。
一、大学御講尺英全伺公、二章迄有、清閑寺弁殿御
出、右京大夫殿御不参、
十三日。
一、大学御講尺英全伺公清閑寺弁殿御出右京大
夫殿御断、
十八日。
一、大学御講尺英全伺公梅小路殿清閑寺殿御出、
晝御吸物御酒三献、
廿三日。
一、大学御講尺英全伺公梅小路殿御断清閑寺殿
御出六章迄、
廿八日。
一、大学御講談英全伺公梅小路殿御断清閑寺殿
御出、
十二月三日。
一、大学御講談清閑寺弁殿御出梅小路殿御断
八日。
一、大学御講尺英全伺公、清閑寺殿梅小路殿御出、
御酒出、
十日。
一、大学御講尺清閑寺殿御出英全伺公、
十四日。
一、大学御講尺英全伺公清閑寺殿御出、
十八日。
一、大学御講尺御満、英全伺公、清閑寺殿御出梅小路
殿御断也、済右御雑煮御吸物御酒英全御盃被

下

元禄十六年十月二十六日

孟子ヲ讀ミ始ム、藤木縫殿ヲシテ侍讀セシム、

〔有栖川宮家司日記〕○高松宮家蔵

元禄十六年十月廿六日

一、孟子今日御讀始、藤木縫殿承来、則申上、序ゟ也、

寶永元年五月十四日

初メテ新上西門院（霊元天皇皇后藤原房子）御殿ニ参入ス、

〔有栖川宮家司日記〕○高松宮家蔵
寶永元年五月十四日、快晴、
一、仙洞様ヘ今日為御祝義鮒一折十五被献、新大納言殿ヘ貝盡一折、御使山本木工頭、
一、女御様辰剋仙洞様ヘ御成ニ付、御使御成御見立申ニ参、豊前守、
辰剋御成、御供先八人、次四人、取次弐人、（○以下侍奉略）
一、御成之御先ヘ左兵衛督腰巻用意来物三人、中間喜兵衛、於御所新大納言殿御局ゟ参、
辰剋御成、御半尻御下白地縫箔御帷子、（○侍奉略）御直廬御輿寄ヘ御輿入、表使出此方侍四人舁入、新大納言殿御局ゟ御挨拍入、
一、還御申下剋、則女御様ヘ為御礼御悦として被為成、早々還御、
一、御拝領物、仙洞様ゟ御末廣弐本、緋輪（ママ）子一巻、女院様ゟ御帯弐筋、岡宮様ゟ花舟被進、
一、今日之為御礼仙洞様ヘ御使新大納言殿御自分ヘも御口上有、御使貞玄、
女院様ヘ今日初御成故被進物旁之御礼使参、豊前守、

十六日、天曇、
一、女院様ヘ鮒十被進、一昨日初而女院様ヘ御成、御帯等被進、一昨日御使も不被献、故今日銭久と御祝被上之由ニて被進、御使矢嶋豊前守、
右清閑寺殿ヘ御相談申處、御尤之由ニて如此、

寶永元年五月三十日
爾後毎月六度藤木主殿ヲシテ手習ニ候セシムル事ト爲ス、

（有栖川宮家司日記）○高松宮家蔵

宝永元年五月廿日、

一、檜山隼人伺公、御手習之為藤木主殿月ニ六度宛ニ二刻伺公候而御手習有之候様ニ仕度由、先日御使之序ニ申入処入道様ヘ被申上、御尤ニ思召候間此方ゟ日限可申進之由也、権頭申談、猶此方ゟ可被仰入之由申了、

寶永元年九月三十日

中院通茂ヲ招請シテ和歌ノ稽古ヲ始ム、又之レニ先立チ、伊勢両宮多賀社及ビ北野天満宮ニ代参ヲ遣ス、

（有栖川宮家司日記）○高松宮家蔵

宝永元年九月十七日、天晴、

一、於御前御盃被下、御扇頂戴、御盃臺も頂戴、

十八日、両宮為御代参発足、天晴、

御代参料

両宮　鳥目弐百疋料

多賀社　鳥目十疋

伊勢御代参料四拾三匁

多賀御代参料廿一匁五分、右請取、

此度岩戸十二燈、胡宮十二燈献之

右御代参分如此、

廿一日、快晴、寅中刻風強、

寅下刻参、

外宮拝宮御代参中臣祓三座修之、御祈申退出、

（中略）

夫ゟ参内宮拝、巳刻御代参中臣祓三座奉納

午刻藤田大夫方ニ帰、令用意、未刻発足、

廿四日、今暁寅刻ゟ少雨、到高宮雨止、卯中刻着拝、時日出、快又曇、

多賀大社拝御代参中臣祓三座修之
祝詞申退出
廿五日天晴下向
廿六日御祓御札献上
朝御掛御湯頂戴有
夕料理酒迎饗應
和哥頂戴
幾年も鈴鹿の山をこえにける
神のめくみもうれしかるへき　多嘉丸

（有栖川宮家司日記）○高松宮家蔵
寛永元年九月卅日天曇或晴
一、天満宮へ御代参、喜内、今日和哥御稽古有之ニ付也、十二燈、
一、女御様ゟ今日和哥御稽古之為御祝鱧一折ニ被進、御使對馬守、
一、午半剋清水谷殿御出御使被遣中院前内府様御出（○中略）宮御袴御着用此義清水谷殿御差圖
前内府殿題御書付貞玄御硯料紙持参、
庭上松　奉書紙御書付

和哥御讀方未御存知依之近々中院前内府公御出有御傳授旨之處也、未御詠哥無之不思儀私ニ和哥奉納之事被聞召思召付拝領ニて奇代之事也、御名無之處御製之外ハ御名有之事之由申上時又御書直可被遊之由ニて被遊直拝領之
今日一所ニ令饗應喜安、素元、對馬守、（○以下四名略）奥御座中一所ニ夕料理於御次及数盃嘉義無極

此間御菓子出、山芋、羊羹、柿、昆布、熨斗
庭の雨にさかふる松ハ千世をへて
花さく春の木末をもミむ　多嘉丸
（○中略）
午半剋ゟ至未剋御哥被遊御詠草被出詠草認様御習也、御哥讀方五文字七文字少々被書付如此躰之由也、
夕御料理一汁五菜御吸物御有三種其上ニテ御盃有之五献ニて済御茶菓子御茶出

申刻過御帰、御供侍御吸物御酒被下、

一、女御様ヘ御哥出来之由ニて生鯛一折一御使参、

寶永元年十月十八日

生田英全ヲ召シ、孟子ノ講釋ヲ聽聞ス、爾後三・八ノ日ヲ定日トシテ講釋セシメ、十二月十三日之レヲ竟ル、

〔有栖川宮家司日記〕○高松宮家蔵

宝永元年十月十八日、天晴曇、

一、孟子御講尺午刻英全伺公、三・八ニ相極如此、梁恵王一章有之、清閑寺弁殿御出、御聞、已後夕御料理出、英全御相伴一汁三菜、

廿三日、少雨、

一、孟子御講尺英全伺公、右少弁殿御出、午中刻済、

廿八日、天晴、

一、孟子御講巳刻英全伺公、清閑寺弁殿御出、午刻過済御帰、

十一月三日、天晴、

一、巳刻孟子御講尺英全伺公、清閑寺殿御出、

八日、天曇、

一、孟子御講尺午刻英全伺公、

十三日、雨天、

一、孟子御講尺英全伺公、弁殿御出、

十八日、天晴、

一、孟子御講談英全伺公、弁殿御出、

廿三日、天晴、

一、孟子御講尺英全伺公、弁殿御出、

廿八日、天晴、
一、孟子御講談英全伺公、辨殿御出、清閑寺大納言
殿ニも御参、御講尺御聞也、已後御酒出、
十二月八日、天晴曇、
一、孟子御講尺英全伺公、
十三日、少雨或晴、
一、孟子御講尺御満文句切宜故也、弁殿御断英全
於御前御雑煮御吸物御肴三種出、御盃英全ニ
被下、

寶永二年二月十九日
禁裏東山ノ御所望ニ依リ、先考幸仁親王ノ描ケル
山水畫一枚ヲ獻上ス、

編修課

〔有栖川宮日記〕○高松宮家蔵
宝永二年二月十九日、甲申、天晴、
一、女御様ゟ御使内々被仰進候、禁裏様ゟ御所望
之本空院宮様之御繪可被進之由ニて御満足
思召候、何とそ上様ヘ御用ニ御座候間御掛物
被成候御繪被進候、女御様ニも御満足可被思
召候被進候ハ迚之御事ニ近々被進候様ニ被
仰入御使荒木對馬守當月可被進之由御返事
也、
女御様ヘ先剋被仰進候、本空院様之御繪山水
壱枚小少將方ゟ文ニて被進、御使上岸勝右衛門

〔有栖川宮家司日記〕○高松宮家蔵

宝永二年二月十九日、天曇

一、女御様被仰進、此間故宮御繪従禁中様御所望之由、今日又御使被進ニ付、則権頭豊前守立合山水御繪取出、小少将方ゟ御文ニて被進、御使勝衛門

宮様御成、権頭豊前役之、

〔有栖川宮家司日記〕○高松宮家蔵

宝永二年四月四日、天曇

一、中院前内府殿ゟ着富御題参、御使喜内、

壬四月七日、天晴、

一、清水谷殿御申御着到之御哥毎日被遊御学問之隙無之段、得其意思召之由、前内府殿ニ被仰可格日連〻五十首御題被遊被入御学問情御尤之由也

寶永二年四月四日

和歌稽古ノ爲、著到和歌ヲ詠ミ始ム、是ノ日、中院通茂ヨリ歌題ヲ受取ル、

寶永二年五月二十一日

家中ノ計費ヲ節省センガ爲、諸事簡略ニスベキ旨ヲ申渡ス、

〔有栖川宮家司日記〕○高松宮家蔵

宝永二年五月廿一日、天曇、

一、簡略之義、御酒、油、御炭、薪、私料理停止等之儀、小左衛門へ申渡、

六月十日、天晴曇、

一、御簡略并下々行義等之義書付、賄衆両人へ申渡、則御乳人并小性衆へも申聞、新林吉左衛門ゟ六條へ御使ニ不被参之義、又者御進物引之義、下々へ無用之事申渡、

七月廿七日、雨天、

一、御簡略之義、清閑寺殿へ昨廿六日出仕之序参、御物語申、内々申入候通、御勝手難義ニ御座候、方々御付届等多、御内證御物入故、御借銀多成、御拂等も殊外難義仕候、就夫兼て御簡略之義両人相談仕候事ニて、當年故宮御七回忌も有之故、夫過候而御人減、諸事相詰之由相談候故、此八朔御祝義の事相止可申与申義と、又御内之御人も減、何角御内證詰候なから仕可然之間、先此八朔にハ本之通仕候か、又ハ令簡略候共、先々の紙、御肴、女御様へ被進候を美濃紙斗相止、御肴斗ニて御祝義被仰入可然哉と申事御座候、如何可有御座候哉之由申所、委細尤ニ思召候間、女御様からして先相止可然と思召之由也、夫故御女義故ニてハ逵〔遠〕止候も如何ニ可有御座哉と申入候処、其段者何れニてもと御申也、其義権頭へ詞無相違物語申、先八朔相止候義も如何候間、御参可然哉と申處、兎角御所方斗ニて一色相止可然、智德院殿ハ御年寄、小少将殿とハ各別之間、此両所とて外相止可然之由被申、此度令延引候而ハ連々相延候由也、夫故則小少将殿へ両人申、女御様淑宮様へも其御内意可被仰遣之由申早、

貞玄所存此度簡略之相談面々御為ニ存云出事ナレハ替一理宛有之、互ニ善悪難斗間、對州召加世間等之事も有之間相談以能相談相極可然哉ノ由申所、外之了簡可借様無之由ニて不同心、故其通ニ仕置、右之段女御様思召世間之義如何ニ存、此段對州へ物語申了簡相聞、右之通ニ相極候、併貞玄所存先簡略者御内證と面々相詰、御人も減不成上ニ

ハ外ヘも掛可然存故、九月御人減其以後可然哉之由申所、権頭被申者左様ニ仕候而ハ弥相延候間、先八朔ノ与達相止可然之由也、併八朔ニ一切相止上ハ無了簡事なから智德院殿ハ御老年ニて一両年之事故各別と候而可進由、左候ヘハ進方も有之不進も如何ニ候、正月八朔者年中付届之専一之所ニ候ヘハ不相止軽仕申度存、封州所存可承、兎角先宮ノ密談被仰合候事候ヘハ存寄無隔意承度由申所、成程此度ケ様と申事少ゝ急ニ

存、先被減候事ハ御祝義物之内ニて少仕可然被存、左候ハヽ貞玄可申来六日有氣人之御祝義ハ被請置候事とて不相止可被進之由ニ候ヘハ、八朔与達相止候と不都合ニ候、何とそ可相延了簡頼之由申所、左候ハヽ女御様ヘ小少将殿御内意御申候ハヽ先女御様ニ急ニ思召之由御挨拶可有之、其義難被捨置御意之間先御延引可有之哉と被申、尤ニ存上候者御礼ニ可被参候間其義頼存由申半六條ヘ今日申参義ハ先今日御祝義日候間

未日も候間後日ニ可然哉と小少将殿ヘ申相延置、

寶永二年七月二十四日

幸仁親王ノ七回忌ニ當リ、大德寺龍光院ニ於テ法事ヲ修セシメ、參詣シテ聽聞ス、二十五日又參詣シテ聽聞ス、

〔有栖川宮日記〕○高松宮家蔵
宝永二年七月十九日、庚辰、天晴、
一、本空院様七回御忌ニ付、御家内今日ゟ精進、
一、本空院様御七回忌ニ付、御法事之儀清閑寺殿へ御相談、御三回忌之通ニ可被成哉之處、御尤之由也、御参詣之衆中之儀申入、御使矢嶋豊前守、
一、大徳寺梅岑へ御法事之儀可談間、役者壱人可被越由、以手紙申遣ス、
一、大徳寺ゟ役者静首座伺公、御法事之儀以書付御三年忌之通可有執行之由申渡ス、
七月廿五日、本空院宮七回之御忌御逮夜
当日御法事料
白銀弐十枚
廿一日、壬午、天晴、
一、大徳寺龍光院江御法事料為持被遣、新林吉左衛門、
廿四日、乙酉、天晴曇、
一、大徳寺龍光院ニ而今日ゟ御法事被仰付ニ付、藤木右馬権頭・小川伊織・藤木縫殿・美濃部五郎左衛門・奥田藤右衛門・草川源大夫相詰、
一、本空院様御霊供被備了、禅岑、
一、巳上剋大徳寺へ御成、御乱髪、御半尻、御板輿、六人、御供矢嶋豊前守、布直垂、近習弐人、青侍五人、御先江小少将方、左兵衛督、其外女中参詣、
一、巳半剋於龍光院御法事始、金剛経、御簾中ニ而御聴聞、外ニ宮様方御参詣依無之東御門隣御一所ニ而御聴聞、未半剋還御、
一、御留主之内淑宮様ゟ為御見廻御使御菓子被進、
一、辰剋女御様御里御殿江御下り、明廿五日本空院様御七回忌ニ付而也、
廿五日、丙戌、曇天、
一、龍光院江詰番矢嶋豊前守、山本木工頭、布直垂着、中川大学・藤木隼人長上下、光田小左衛門・新林吉左衛門・草川源大夫・右半上下、寅下剋ゟ相詰、
方々ゟ御贈経使別帳有、
一、御霊供伏長老御供養、
後西院様・本空院様・高岳院様二汁七菜之御霊

供、永照院様御仏供計、
一、巳上剋龍光院へ御成、
御供藤木右馬権頭布直垂乗物、近習式人青侍五人
御先江小少将方、左兵衛督其外女中参詣、
一、巳半剋御法事始施餓鬼、御簾中ニ而御聴聞
一、中宮寺様龍光院へ御参詣、御聴聞、御斎出ル、此
方ゟ御為持にて御供尼迄御斎被下、
一、淑宮様同御参詣、御一所ニ而御聴聞、御昼物出
ル、御為持也、
一、仙洞様ゟ本空院宮御七回忌ニ付為御見廻羊

羹壱折十掉御拝領、
一、仙洞様ゟ右御法事ニ付龍光院江御使、御香奠
金三百足被進、御使北小路筑前守、上北面着狩
衣、
右御使之品御三回忌ニ被進候通也、則有栖川
宮龍光院ニ御成ニ付於書院右之院使筑前守
御對面、於次間清閑寺殿、梅小路殿御挨拶ニ而
御礼之義被仰聞退出、御法事相済右之院使御
霊前焼香相勤退出、右之御使四條三位隆安卿
御奉之由也、

一、未半剋還御、

〔有栖川宮家司日記〕○高松宮家蔵
宝永二年七月十九日、天晴、
一、本空院様御七回忌ニ付今日ゟ御家内御精進、
一、大徳寺梅岑へ、御法事之儀可申談候間役者一
人可被越之由以手紙申遣、
一、大徳寺ゟ役者静首座伺公、御法事之事以書
付申渡、豊前守對之、
杉原折紙
七月廿五日本空院宮七回御忌
御逮夜當日御法事料
白銀弐拾枚

廿一日天晴、
一、龍光院へ御法事料銀弐拾枚為拝遣御使新林
吉左衛門参、役者静首座ニ渡之、
廿四日、天晴、
一、大徳寺へ御成、御乱髪御半尻御守刀、（〇奉供略）
御先へ小少将方乗物
左兵衛督乗物
少納言乗物二人下女和崎、奥田（御乳お傳）駕也
先女中乗四五丁後宮様四五丁後、
東御門跡御参詣、

龍光院ニて御法事、東御門跡斗被簾中ニて御
聴聞、
御佛前西間御簾三間宮女中御聴聞所
御簾三間女御様ゟ被遣
西一間縁座敷畳敷三間御簾巻之、
公家衆御聴聞所
書院ニて御菓子等上ル、
御法事金剛経巳半尅始、衆僧廿六七人内長
老五人有、僧中引而后、
御門跡御焼香於唐戸際御拝有、御先へ御退

出、於龍光院家老近習四人非時振廻、
晝此方ゟ焼饅頭粽添物有被下、御酒全色（ぐ）
ニて被下、
歩行粽饅頭一器ニ入被下、
御法事済梅岑當輪番、天嶺御對面、
廿五日、天曇、
一、御参詣巳尅斗、御輿御供如昨日、
女中如昨日、中宮寺様御成、御聴聞大弐伺公、清
閑寺大納言殿、万里小路大納言殿、梅小路宰相
殿各狩衣ニて御聴聞、

御法事済仙洞様御使、次公家衆三人御焼
香、次ニ御菓子御酒進之、御退出中宮寺様
へ御齋三菜ニて上ル、於書院也、
於龍光院御法事大施餓鬼僧中五十八人内長
老五人タンリヨ九人、
御法事ノ内ニ仙洞様御使北小路筑前守
御香奠持参、狩衣也、三百疋、右馬権頭請取申上、於
書院御對面、清閑寺殿梅小路殿着座、次於
勝手御菓子等被下、法事済僧中公家衆着
座之内焼香、右馬権頭呼出豊前守進テ近

辺ニ有之、直ニ退出也、
公家衆御帰、女中乗物四丁、次夕嘉宮様還御、次
ニ中宮寺様還御、次ニ淑宮様還御、次ニ大弐被
帰、

編修課

寶永三年二月十六日
上皇霊元ヨリ和歌詠草ニ御添削ヲ賜フ旨仰出サ
ル、仍リテ是ノ日、之レヲ差出シ、御褒詞ニ預カル、

〔有栖川宮家司日記〕○高松宮家蔵
宝永二年十二月六日、天曇、
一、梅小路殿ヘ参御酒被下、
○宮様御詠仙洞様ヘ御窺之義何とそ御沙汰
も頼思召之由藤谷殿ヘ御沙汰願被存之由
申乎、
八日、天晴、
一、勘解由今朝ゟ病気ニて下宿、
（中略）
兼而依申梅小路殿清閑寺殿清水谷殿被談宮
御詠仙洞御添削御願之義藤谷殿ヘ御頼也、
三年正月廿四日、天曇、
一、清水谷殿ゟ呼ニ来参御逢被仰聞内々宮御詠
之義昨夜仙洞様ヘ参御沙汰申処、最前内府
殿御弟子入と申事ニ無之段被仰分被申上処被
聞召分御領定之旨也、
二月十三日、天曇、
一、未剋清閑寺殿御出、仙洞様ゟ仰之趣者御願被
仰上候御詠御覧之義御領定之旨被仰、御誇御
着用被聞召御酒御吸物出、御祝有之、御礼者明

日先藤谷殿両人ヘ仰候間被仰合可被仰上猶
御礼十六日ニ御太刀馬三種二荷被上可然之
由御申入也猶新大納言殿藤谷殿ヘ御肴被遣
可然之由也
十六日天晴
一午剋過清水谷殿御出今日御祝義被上候
（略中）
仙洞様ヘ御詠御持参被上処早速御詠御覧仰
之趣者御筆も御哥も御覧無之所是程ニ可有
とハ不思召候御詠も此侭ニてもと思召候ヘ

共幾久と御祝被成御添削被遊（畫也）右之通承御詠
草請取帰
宮御袴御着用ニて御覧則御礼両卿ヘ文ニて
仰遣豊前守参
戌剋斗清水谷殿外山殿御両人御悦ニ御参御
酒数献清閑寺殿又御悦ニ御出及大酒御嘉義
謡之小少将方始女房杓木工頭豊前守斗出祝
之子下剋御帰
十七日天晴曇
一仙洞様ゟ新大納言殿承ニて鴨五羽御拝領御

使藤池十二郎取次豊前守御返事申出御詠幾
久可被寛之由ニて也
右剋為御礼新大納言殿迄御使木工頭

寶永三年四月十六日
三輪希賢（號執齋 稱善藏）通ヲ召シ、初メテ小學ノ講釋ヲ
聽聞ス、爾後月十箇日參仕スル事ト爲ス、

（有栖川宮家司日記）〇高松宮家蔵

宝永三年四月十六日、天晴、
一、中院前内府殿三輪善蔵被召連御出、初而御對面、御口祝被下、今日気入学吉日之間、小學讀可申由ニて被申上、月ニ十日伺公之契約也、於御次御酒被下、退出、前内府殿も右剋御帰、

十九日
一、申剋三輪善蔵伺公、小學御讀、所々講之、

廿一日
一、申中剋三輪善蔵伺公、小學申上、

一、小學御講讀、三輪善蔵

六日、天晴、
一、小學御講讀、善蔵伺公、

廿日、少雨、
一、小學御講讀、善蔵伺公、

廿二日、天晴、
一、小學御講讀、三輪善蔵伺公、

廿六日、天曇、
一、小學御講讀、善蔵伺公、

廿九日、天晴、

へ

七月二日、天晴曇、
一、申剋、今日小學明倫御講讀始、三輪善蔵伺公、

九日、晴曇、
一、小學御講讀、三輪善蔵伺公、

廿七日、天晴、
一、小學御講讀、三輪善蔵伺公、

卅日、天晴、
一、小學御講談、三輪善蔵伺公、

八月二日、天晴、

一、小學御講讀、善蔵伺公、

九月五日、天晴、
一、小學御講讀、三輪善蔵伺公、

十月二日、天晴、
一、三輪善蔵兼而依申達、申中剋伺公、小學御講讀有、

五日、晴曇、
一、三輪善蔵伺公、小學御講談、

寶永三年五月十四日
三輪希賢〈號執齋、通稱善藏〉ヲ召シ、孝經ノ講釋ヲ聽聞ス、
六月二十九日之レヲ竟ル、

〔有栖川宮家司日記〕○高松宮家蔵
宝永三年五月十四日
一孝経御講談、三輪善蔵伺公、
十七日
一孝経御講談、三輪善蔵伺公、
十九日
一孝経御講談、三輪善蔵伺公、
廿九日
一孝経御講讀、三輪善蔵伺公、
六月二日

一孝経御講讀善蔵、
五日
一孝経御講讀、三輪善蔵伺公、
十七日
一孝経御講讀、三輪善蔵、
廿九日
一孝経御講談今日済、三輪善蔵伺公、

寶永三年五月十八日
生田英全ヲ召シ、孟子ノ講釋ヲ聽聞ス、

〔有栖川宮家司日記〕○高松宮家蔵

宝永三年五月十七日、天曇
一、孟子読残明日ゟ伺公候義生田英全ニ被仰出、
十八日、天晴
一、孟子御講談公孫丑ゟ有之、英全伺公、今日初而也、
廿三日、天晴
一、孟子御講談英全伺公、清閑寺弁殿御契約故被仰遣御出、
廿八日、大雨
一、孟子御講談生田英全伺公、清閑寺弁殿御出、
六月三日、天晴曇
一、孟子御講尺英全伺公、
十八日、天晴曇、
一、孟子御講尺生田英全申中剋伺公、
廿八日、天曇晴
一、孟子御講尺英全伺公、
七月三日、晴天
一、孟子御講尺生田英全、
八日、天晴
一、孟子御講尺生田英全伺公、
廿三日、天晴
一、孟子御講尺英全伺公、
八月八日、天陰曇
一、孟子御講談英全伺公、清閑寺弁殿御出、
十三日、天晴
一、孟子御講尺英全伺公、清閑寺弁殿御出、
十九日、天曇、
一、孟子御講尺生田英全伺公、
廿三日、天晴
一、孟子御講尺英全伺公、清閑寺弁殿御出、
廿八日、天晴
一、孟子御講尺英全伺公、
九月三日、天晴
一、孟子御講尺英全伺公、

寶永三年五月二十一日

智徳院（中院通村ノ女、藤原共子ノ生母、）祖母ノ九十ノ賀宴ニ臨ミ、杖ニ和歌ヲ添ヘテ贈進ス、尚是ヨリ先和歌ニ上皇（霊元）ノ御點ヲ賜ハル、

編修課

（有栖川宮家司日記）○高松宮家蔵

宝永三年五月十二日、天晴、

一、清水谷殿ゟ御退出之由候間可参之由申来、申中刻参、

仙洞様ハ杖哥之義兼々御沙汰之上、昨日御序有之被申上候處、御詠可被入御覧之由也、御詠草之義題之處ニ杖と斗被遊、其肩ニ九十賀と可被遊之由、御余分之御詠も此通可被書付之由也、御詠御内談也、

へ

十五日、天晴、

一、藤谷殿呼ニ来、豊前守参、御逢被仰聞、御詠被入御覧今日御添削被遊候、智徳院殿九十賀目出度思召候、九十賀御寄御添削初而被遊、御機嫌之旨也、下句ハ其侭御尤ニ思召、上句寄思召候而御添削被遊候、猶御礼使評定衆ヘ御聞合候處ニ評定衆迄毎度宮方御礼使有之間、明日評定衆迄御使被遣御尤之由也、右申上、還御之節右之通被聞召悉思召之由、藤谷殿御宅ヘ御使大学、

廿一日、雨天、

一、智徳院殿九十賀ニ被進、宮ゟ御杖

（○図略）

桑木ヲ以テ造葉五枚以白銀造之長三尺五寸、

御詠
九十（けよ）つく杖のためしにや
又百とせの坂もこゆらん　多嘉丸

しもくと葉の間に結付

桐箱結付帛紫絹一重也、

一、智徳院殿九十賀清閑寺殿伏長老ゟ被進ニ付

御振廻一汁五菜昼赤飯御吸物也、献之沙汰無之、

宮様御袴御成、賢宮様・宝鏡寺様御成、清閑寺御 中院前内府殿 貞了院殿 父子、万里小路頭弁殿御出、戌下剋御帰、

書陵部（三号）

〔中院家系譜〕

通村 内大臣正二位

通純 権大納言正二位 母溝口伯耆守秀勝女

女子 従一位共綱室 母同上

通茂 内大臣従一位 母入道大納言永慶女

書陵部（三号）

〔清閑寺家系譜〕

共綱 従一位権大納言 延宝三年八月廿五日薨、六十四歳

熙房 従一位権大納言 貞享三年十月十日薨、五十四歳 母正二位内大臣中院通村女

女 母同上 後西院女房中納言典侍、後号東二条局

書陵部（三号）

〔中院通茂日記〕

貞享二年二月廿八日晴、夕飯後参廬山寺智徳院殿 清亜相母、予伯母也 同参詣、明日後木輪院前内府卅三回忌也、

書陵部（三号）

寶永四年正月二十六日

三輪希賢 號執齋 稱善藏 通ヲ召シ、小學ノ講釋ヲ聽聞ス、

編修課

〔有栖川宮日記〕○高松宮家蔵

宝永四年正月廿六日、庚辰、天晴、

一、三輪善蔵伺公、今日ゟ小学御講談初ル、於御次

夕御料理被下、

廿九日、癸未、天晴、

一、小学御講談、三輪善蔵伺公、

二月三日、丙戌、天晴、

一、小学御講談、三輪善蔵伺公、

六日、己丑、天晴、

一、小学御講尺三輪善蔵伺公、

九日、壬辰、天晴、

一、小学御講談、三輪善蔵伺公、

十二日、乙未、天晴、

一、小学御講談、三輪善蔵伺公、

十七日、庚子、天晴、

一、三輪善蔵伺公、小学御講談、

廿四日、丁未、天晴、

一、小学御講談、三輪善蔵伺公、

廿七日、庚戌、雨下、

一、三輪善蔵伺公、小学御講談、

三月二日、乙卯、天晴曇、

一、三輪善蔵伺公、小学御講談、

十一日、甲子、天晴、

一、小学御講談、三輪善蔵伺公、

十四日、丁卯、天曇、

一、三輪善蔵伺公、小学御講談、

〔有栖川宮家司日記〕○高松宮家蔵

宝永四年正月廿六日、天曇、

一、午剋三輪善蔵伺公、小學長幼之篇ヲ御講讀有之、今日始故夕御料理被下、一汁五菜豊前守相伴、

廿九日、天晴、

一、小學御講讀申剋、朋友交、

二月六日、天晴曇、

一、三輪善蔵伺公、小學御講讀、

九日、天晴、

書陵部（三二号）

一、三輪善蔵伺公、小学御講讀申剋、

十四日、天晴、

一、十二日清水谷殿ゟ童直衣御返弁、小學善蔵伺公、御講讀、

廿四日、天晴、

一、三輪善蔵伺公、小学御講讀、

廿七日、雨天、

一、三輪善蔵伺公、小学御講讀、

三月二日、天晴曇、

一、三輪善蔵伺公、小学御講讀

書陵部（三二号）

十一日、天晴、

一、三輪善蔵伺公、小学稽古御講讀、

十四日、天曇、

一、三輪善蔵小学御講讀、

九月二日

一、三輪善蔵伺公、小学御講談今日ゟ始、

六日天晴

一、三輪善蔵伺公、小学御講讀申剋伺公、

十日天晴

一、小学御講讀三輪善蔵申中剋伺公、

十七日伏晴

一、小學御講讀三輪善蔵伺公、

廿六日天晴

一、三輪善蔵伺公、小学御講讀

廿九日、天晴曇、

一、三輪善蔵伺公小学御講讀

十月四日天晴

一、小学御講讀三輪善蔵来御延引、

書陵部（三二号）

十四日、天晴曇、

一、小學御講讀三輪善蔵伺公、

十七日、天晴、

一、小学御講讀三輪善蔵伺公、

廿日、天晴、

一、小学御講讀三輪善蔵伺公、

廿四日、天晴、

一、小學御講讀三輪善蔵伺公、

廿六日、雨少、

一、小學御講尺三輪善蔵伺公、

書陵部（三二号）

廿九日、天晴、
一、小学御講讀、三輪善蔵伺公、
十二月四日、天晴、
一、小学御講讀、三輪善蔵伺公、
七日、天晴、
一、小学御講讀、三輪善蔵伺公、

寶永四年二月十八日
後西天皇ノ御影ヲ泉涌寺ニ奉納シ、其ノ供養ヲ行ハントス、乃チ其ノ人數ニ加ハリ、是ノ日供養料ヲ寄進ス、尋イデ二十二日、同寺ニ於テ御影供養法事アリ、

〔有栖川宮日記〕○高松宮家蔵
寶永四年二月十四日、丁酉、天晴、
一、伏長老御出、後西院様御影御表具出来、来ル廿一日泉涌寺ヘ御奉納、廿二日、御供養御座候ニ就夫、兼而宮様ニも御人数ニ可被為入由、御沙汰ニ付、梅小路被申入候、女御様ニも取次衆、近諸大夫共入魂可仕之由也、御人数
輪門様、竹門様、霊鑑寺様、中宮寺様、曇花院様、賢宮様、宝鏡寺様、光照院様之由也、
十六日、己亥、天晴、

一、伏長老ヘ豊前守参申入、後西院様御影御供養之御人数表向之後ニ御座候ヘハ、唯今女御様ゟ被進候例無御座候、夫故取次両人相談□□□返御断之旨申入、
十八日、辛丑、天晴、
一、後西院様御影之御供養料白銀拾枚之内、御一方分曇花院様ヘ為持遣、且又霊鑑寺様・中宮寺様・宝鏡寺様・賢宮様々之分、此御所迠来一所ニ為持被遣、御使上岸勝衛門、
一、外山宰相殿ヘ御使、此度後西院様之御影御衣

賻御書被進御連枝之宮方御満足ニ思召候
有栖川殿ニも御人数御加り被成候依之為御
礼以御使ヲ被仰入候由也、御音物有御使戸田
織部
右梅小路殿御指圖ニ依テ被遣之、
廿二日、乙巳、天晴、
一、泉涌寺ヘ今日後西院様御影今日御供養御法
事有之付御使山本木工頭長上下、
一、泉涌寺ニ而今日御法事之書付
後西院尊儀御影御供養御法事、

二月廿二日、午剋
法用理趣三昧、
衆僧三十七口、
御導師卓岩長老
唄　貫道西堂
経頭　晳叔西堂
散華　照岩西堂
讃頭　方叔首座、
已上
泉涌寺

右如是御使山本木工頭参候節相渡

寶永四年三月八日
生田英全ヲ召シ、孟子ノ講釋ヲ聽聞ス、爾後月三、
四度講釋セシメ、十二月十三日萬章篇ヲ竟ル、

（有栖川宮日記）○高松宮家蔵

寛永四年三月八日、辛酉、天晴、風有、

一、孟子御講尺始、生田英全伺公、

十三日、丙寅、雨天、

一、孟子御講尺、生田英全伺公、

十九日、壬申、曇天、

一、孟子御講談、生田英全伺公、

四月廿三日、乙巳、天晴、

一、生田英全伺公、孟子御講談有、

廿八日、庚戌、雨天、

一、孟子御講談、生田英全伺公、

（有栖川宮家司日記）○高松宮家蔵

寛永四年三月八日、天晴

一、生田英全孟子滕文公御講尺始、夕飯後伺公、御酒被下、

十三日、雨天、

一、生田英全孟子御講尺

四月廿三日、天晴

一、孟子御講尺、生田英全伺公、

廿八日、雨天、

一、孟子御講尺生田英全伺公、

八月四日、天晴曇、

一、生田英全孟子御講尺、

廿三日、天晴、

一、孟子御講談、生田英全伺公、

廿八日、少雨、

一、孟子御講尺、生田英全伺公、

九月三日、天晴

一、孟子御講談生田英全伺公、清閑寺辨殿御出、酉剋御帰、

八日、天晴

一、生田英全孟子御講尺、
十三日、少雨、
一、孟子御講尺生田英全伺公、
十八日、天晴、
一、孟子御講尺生田英全伺公、御聴衆梅小路左兵衛佐殿
清閑寺弁殿御出、
廿三日、天晴、
一、孟子萬章篇御講尺英全伺公、清閑寺殿御出、
廿八日、天晴、
一、孟子御講尺生田英全、

十月八日、天晴、
一、孟子御講尺生田英全伺公、
十三日、天晴曇、
一、孟子御講讀生田英全伺公、梅小路左兵衛佐殿
御出、
十九日、天晴、
一、孟子御講尺生田英全伺公、
廿三日、天晴、
一、孟子御講尺生田英全伺公、
十一月三日、天晴曇、

一、孟子御講尺生田英全伺公、
廿三日、天晴、
一、生田英全伺公、孟子御講尺、
十二月三日、天晴、
一、生田英全伺公、孟子御講尺、清閑寺殿御出、
八日、天晴曇、
一、孟子御講尺生田英全伺公、
十三日、天晴曇、
一、孟子御講尺萬章篇済、生田英全當年之末ニ付
御酒一献祝也、

寶永四年四月五日
是ヨリ先有栖川宮邸ヲ儲君慶仁親王ノ假殿ト
為シ、鷹司家寺町屋敷ヲ有栖川宮假邸ト為スベ
キ旨仰出サル、仍リテ是ノ日、兩邸修理ノ為先ヅ
女御里御殿幸子女王ニ入ル、既ニシテ修復成リタル
ヲ以テ、十八日、假邸ニ移徙シ、儲君亦假殿ニ入ル、

〔有栖川宮家司日記〕○高松宮家蔵
宝永四年三月十八日、雨天、
一、女御様ゟ御用之由ニて豊前守召ニ来、六條ゟ
女御様へ参、此御所御借殿ニ成ニ付有栖川様
御成之所寺町前殿下様御成之御屋敷方角も御
吟味之處不苦大方是ニ可成之由御内意也、夫
ゟ又六條へ小少將殿迄申入、
一、山口安房守伺公、木工頭出逢、意趣者此度長宮
様御借殿ニ此御所可成候左候ハゝ、𛀙嘉宮様
御成之所方々相尋候へ共宜方無之故先鷹司
殿前殿下御座候寺町之御屋敷へ御移被成候
様ニ可有之候若又各存寄之事も候ハゝ可申聞
之由也、此段豊前守迄内々可申傳、當二三日中
参可申承之由也、
十九日、天曇、
一、山口安房守御殿へ伺公、貞玄相國寺有之則申
来、直ニ安房守殿屋敷へ参申入處中之書院ニて對
談、此度御假殿之義弥宮御領定候哉、左候ハゝ
鷹司殿寺町之御屋敷可承之由被仰出候旨也、
夫故昨日承候者先御内意被仰聞之由ニ付御請
にも不及候成程御領定之義ニ御座候、併表向
可被仰出候由故先御内意存被有候由申所、段
々承候、弥御領定之上者可申上之由也、宮ニ者
兎角宜様ニと思召候、方々御屋敷有之ニ幸此
御所御吉方ニ當之段珍重思召候御蔵等も可
被明哉之由申處其段にハ不及ニて封付不苦
事之由也、併其義者明可有御用之由入御念入
候事候可申上之由也、尚御道具等も其段相心
（片付手間入不申様可然由也、）
得申之由申、
廿八日、天晴、
一、今日御殿御留主之内ニ見分仕度由安房守殿
兼而御申、木坂越中守同道、修理職高嶋右大夫
其外大工屋根方御用ニ付来、巳剋斗方々御納
戸御棚ニテ出置物ハ御長持等出置方々見分
済、於御書院蕎麦切、御吸物、御酒出、宗和膳足付
黒挽也、越中守も後ニ相伴之由ニて出陪膳侍
衆両人、午剋退出、長門守も伺公、右大夫大工屋
根方残方ニ見分見合書付也、右大夫一汁三菜
残町人二菜被下、焼物斗十二三人夕飯被下、
一、傳奏衆ゟ未表向不申来今日内見御普請等有

之ニ付此方ゟ傳奏衆へ御斷申義無之候而不苦候其間違之事無之ノ由安房守殿越中守被申未御申聞有之也、

四月二日天曇

一今日此御所御修理始、奉行高嶋右大夫伺公、小性〔姓〕部ヤ湯殿ゟ掛ル、大工御用人數十二三人今日ゟ取掛始而故並酒五升樽干鯛三枚下ミ為給可申之由ニて右大夫へ遣、

四日天晴

一土御門殿ゟ八時可参之由依申来豊前参此度御假殿ニ成御普請ニ付下御殿へ御移間も有之候へハ先女御様御里御殿へ其間被為成候今明之内可被為成之由候間御日時御勘頼思召候由申入、則御逢御口上申也、則時ニ御勘則明五日吉日候時ハ辰巳之内ニ御成可被遊之由也、重而寺町御殿へ御移之義者来十八日宜有御座候尚追而勘文進上可申之由也、

一土御門殿ゟ勘文来

御假御殿御移徒〔徙〕之日時

今月十八日庚子　時辰

廿九日辛亥　時申

宝永四年四月四日　泰福

明五日辰巳之内ニ御成之事御當分之事故不及勘文書付来、

五日快晴

一早朝ゟ御道具持運、

一辰中剋御移徒〔徙〕ニ付御吸物始御酒小少将方へ御盃被下其御盃御乳人諸大夫頂戴御肴斗被下祝也、

一御先小少将方左兵衛督其外女房歩行ニ而参、辰中剋御里御殿へ御移徒〔徙〕御袴御供青侍三人板輿近習弐人木工頭右馬権頭御供ニ而御成、

一豊前守御跡ニ残御道具運せ方ミ見合掃除申付奥口限シテ御門土戸ニ至迄廿七口合高嶋右大夫岡本頼母寄合御跡祝御酒給其以後方ミ引渡権頭両人シテ引渡口分美濃部九郎左衛門小栗甚左衛門ヘ令吟味未剋仕廻罷帰、右渡方木坂越中守へ令相談ニ遣處安房守殿へ申候へハ両人之修理職へ可相渡之由申来ニ付如此、

一、山口安房守殿ヘ豊前守参、修理職衆唯今引渡
申由付届ニ参、
十一日、天晴
一、本御殿に残雑道具今日御用十八人ニて先御
里御殿迄引取則修理職衆ヘ禁内申遣御掃除
前ニ雑々可引取之由断申遣札不足故札不入
ニ申付、則美濃部九郎左衛門小栗甚左衛門両
人差遣度候ニ不出人数相揃一両度ニ可取由
申渡
十二日、天晴

一、寺町御殿明日可受取修理職五過罷出候間此
方勝手次第ニ参受取可申由也、受取以後御使
之義禁裏様ゟ被借進候御屋敷候ヘハ松平紀
伊守殿町奉行衆ヘ御使ニ及不申由、
傳奏衆ヘ御使被進可然之由
右之通木坂越中守唯今女御様ヘ参、對馬守ヘ
可被相傳之由也、今日不成就日故彼方ゟ不申
入之由也、對馬守伺公にて聞、
安房守ヘハ御受取之由申参可然木坂ヘも唯
今受取之由申可然町之年寄ヘ者此方ヘ御

移被游候定而可及承之由可申遣置之由
右對州了簡被申聞
一、西池木工伺公、寺町御屋敷御修理出来、今日山
口安房守殿見分済申候、明十三日五過可相渡
之由被申来、對之、
一、女御様ヘ御使寺町御殿御修理出来明日可相
渡之由ニ御座候御満悦ニ思召之由被仰入豊
前守
且又大弐殿御窺頼申傳奏衆并安房守殿ヘハ
明日受取候と御使被遣候長橋殿迄上ヘ之御

礼被仰入可然候哉之由窺申處長橋殿ヘ御
使被進御尤之由也、
十三日、天晴曇
一、寺町鷹司殿御屋敷御修理出来、今日請取ニ参（豊前守、右衛権頭、小栗甚左衛門参）
修理職西池木工、田中三忠被引渡已後御酒御
肴三種ニて御酒祝也、下々迄已乾済、
一、禁中様ヘ御礼使長橋殿被仰入御口上御修理
御丁寧被仰付被進忝ク思召候、右為御礼被仰
上候宜御沙汰頼思召之由也、御使木工頭
一、女御様ヘも右之段々御使并之義被仰入、御使

木工頭長橋殿ヘ之御使ハ昨日窺置也、
十四日、天晴
一、寺町御殿ヘ御道具運人足十六人豊前守、大学、
勝衛門参、
一、木坂越中守伺公、木工頭ヘ談之由、豊前守此間
依申参、十八日儲君様御假殿ヘ御移被遊候刻
限辰刻候ヘ共、御幼少候間辰下刻ニも巳刻ニ
も可成候、有栖川様ニ者辰上刻御成被遊候ヘ
ハ御差合無之候、入御念候事ニ御座候由也、
十八日、天晴
一、御殿中寅刻ゟ用意、下御殿ニ宿伊織、甚左衛門
友衛門、今朝豊前、釆女行、
一、辰上刻小少将方、左兵衛婿乗物残分歩行、寺町
御殿ニ行、
一、辰上刻寺町御殿ニ御成、
（奉○略候）
御殿ニ豊前守、釆女、伊織有之、御門迄豊前御迎
ニ出向、御成、御口祝、次吸物、土器有、御内不残
一、柳原殿、高野殿ヘ、御使、唯今寺町御殿ヘ御移被
遊候由被仰遣、御使伊織、
一、今日儲君様辰刻御移徙（徙）、依之御祝義、
禁中様ヘ海老一折、新大典侍殿鰑一箱、儲君
様ヘ大鯛一折ニ、櫛笥中納言殿ヘ同、
焼物唐子御水入一箱、
右御使豊前守、熨斗目半上下、御進物攝家方、親
王方如此、御水入添物ハ此方御假殿故女御様以
思召被進被添赤飯吸物御酒被下、外ニ各別、
一、未刻女御御里御殿道具共委引取、御殿中不残
掃除見合錠鎰吟味仕、豊前守、九郎左衛門残置
故両人シテ吟味可渡之由申遣處、川添玄蕃被
来渡
前々有来御道具所々ニ有之、惣シメ鎰壱高口
鎰壱御門鎰弐渡之、明長持（弐）借用之分も
一、女御様ヘ御使、此間御礼、目出度、今日御移被遊
御祝義、旁海老一折ト被進、御使豊前守、

〔有栖川宮日記〕○高松宮家蔵
寛永四年四月四日、丙戌、晴天、
一、土御門三位殿へ御移徙之勘文之儀ニ付矢嶋
豊前守参、
一、昨日両殿ゟ申来ルニ付禁裏様非蔵人部屋へ
矢嶋豊前守参両傳御逢候而被仰渡趣今度儲君
様御假殿ニ有栖川殿御殿被為借度候依而鷹
司殿寺町御屋敷修理被仰付被進候間出来次
第ニ御移被成可進之旨仰被渡柳原殿此間御
内意成可有之候由御申也鷹司殿諸大夫も同
時ニ参右之通被申渡罷帰右之通申上ル御返
事申参今度儲君様御假殿有栖川殿御殿被為
借候御事御心得被遊候目出度御儀御用ニ被
為立御大慶思召候依之有栖川殿被為成之処
鷹司様寺町之御屋敷御修理被仰付候間御移
可被遊候之旨忝思召候宜御沙汰頼思召候由
申参、取次藤野井周防、
一、山口安房守へ御使今日傳奏衆御假殿之義ヲ
被仰渡候、且又女御様御殿御移も日事〔時〕被勘明
五日辰剋過可被成候、依之仰被遣之由也、御使
矢嶋豊前守、
一、土御門三位殿へ勘文之儀ニ付御使矢嶋豊前
守、
一、土御門三位殿ゟ御使勘文来ル先假ニ女御様
御里御殿へ御移之日時明五日辰巳之内ニ可
被為成候由書付来、
御假御殿御移徒〔徙カ〕之日時
今月十八日庚子　時辰
廿九日辛亥　時申
寛永四年四月四日　泰福
一、女御様へ御使御里御殿へ先御移被遊候様ニ
山口安房守ゟ被申入候依之以御使被仰入御
使矢嶋豊前守、
五日、丁亥、天晴、
一、早朝ゟ御道具持運
一、辰中剋御移徒〔徙カ〕ニ付御吸物御酒為御祝出
一、辰中剋女御様御里御殿へ御移被遊御供青侍
三人近習弐人山本木工頭藤木右馬権頭
一、御殿御道具持運諸々掃除奥迄之限ニテ錠鎰
等相改御殿御蔵等相渡則此間参有之修理職高

嶋右大夫岡本頼母へ引渡可申由木坂越中守
ゟ申来如此、
一、山口安房守へ矢嶋豊前守参、唯今有栖川殿御
殿修理職衆へ相渡申由付届ニ参申置
一、両傳奏衆へ御使今度御假殿ニ付御修理御急
ニ候へハ先依御内意女御様御里御殿へ御移
被遊候、依之以御使被仰入之由也、御使上條唯
衛門、御當所共ニ御留主也、
十一日癸巳天晴、
一、本御殿雖道具今日引取御修理大方出来ニ付

為御掃除先遠慮候て御里御殿迄取寄、則美濃
部九郎左衛（門）小栗甚左衛門へ申渡遣、巳剋過済、
十二日甲午、天晴、
一、西池木工権頭伺公、寺町御屋敷御修理昨日仕
廻、今日山口安房守殿見分相済申候間明五過
可相渡之由也、
山口安房守ゟ以書状、右御修理出来之間明十
三日相渡可申候、西池木工へ可申合之由、豊前
守へ申来、承知仕之由返事遣、
十三日乙未天晴、

一、寺町御殿今日辰剋依被相渡、矢嶋豊前守、藤木
右馬権頭参、修理職西池木工、田中三忠ヿ立
合被相渡、此方ゟ御酒肴持参一献祝也、受取申
旱、
御殿御板成宗修之愛宕御札七観音院御祈念
之御札等押豊前守御道具等入今晩之義申渡
帰、
〈
一、禁裏様へ御使此度儲君様御假殿ニ付有栖川
殿ニは寺町鷹司殿御屋敷御修理被仰付今日

相渡ス忝思召候、依之長橋御局迄被仰入、御使
山本木工頭、
一、女御様へも右之通被仰入、御使右同人、
一、御本殿北御蔵ゟ御道具出、寺町御屋敷へ遣、
十四日丙申、曇天
一、木坂越中守伺公、儲君様御秘徒（徒カ）之御日限未ル、
十八日相極候、有栖川様寺町関白殿御屋鋪（辻）
御秘徒（徒カ）之御日限も御同日同時之由、故山口安
房守迄令相談、櫛笥中納言殿も（ミ）迄も御相談申
入候処、儲君様ニハ幼御所之御儀ニ御座候得

八何角と御時剋相延可申候間、有栖川様ニハ
其御時剋ニ御移徒〔徙カ〕可被遊旨御尤ニ奉存候由、
諸大夫共迄御内意可申合之由也、
十八日、庚子、快晴、
一、寺町御殿ヘ御移徒〔徙カ〕ニ付、矢嶋豊前守御先ヘ参、
一、辰上剋寺町御殿ヘ御移、御供、青侍四人・近習両
人・諸大夫二人、對御狭箱中間弐人・御草履弐人、
又先四人、
一、今日御移徒〔徙カ〕被遊候ニ付、両傳ヘ御届ノ御使小
川伊織

一、儲君様御移徒〔徙カ〕辰下剋、依之御祝義、
禁裏様、儲君様ヘ生肴一折宛被上、（儲君様ヘ建物御水入添）
新大典侍殿・柳筒殿ヘ箱肴一種宛、右御使矢嶋
豊前守、
一、女御様ゟ御使御肴一折被進也、御使山口中務
丞御對面御口祝被下、

〔禁裏番衆所日記〕
寛永四年四月十八日庚子
一辰刻儲君御方遷御于假殿、（有栖川殿亭也、被用御板輿、）公卿
殿上人、（鷲尾中納言前堂宰相岩倉三位藤波三位高野三位兼乃寳詮德光共條等朝臣）
（資堯各着狩衣計也、）

〔通誠公記〕
寛永四年四月四日、儲君當時御殿者、從先年被假
用林丘寺宮里坊、（仙洞南門前東方、）此所甚狹少也、本所造
畢之間、有栖川殿亭（内裏子丑方也、）可為假殿、有栖川殿者
可被借用關白京極亭、就此儀雙方可加修理、其間
者有栖川殿暫可被移居女御里亭（女御本殿向也、）之事被
仰下、柳原前大納言・高野前中納言等奉之、召關白
家有栖川家之諸大夫、於便所傳仰、各被申領状、

有栖川宮実録　九

正仁親王実録　二

有栖川宮實錄　九

正仁親王實錄　二

有栖川宮實錄　九

正仁親王實錄

正仁親王　二

寛永五年正月十二日

和歌會始ヲ催ス、

（有栖川宮家司日記）○高松宮家蔵

寛永五年正月十二日、天晴、

一、宮御會始被仰付、池邊松近習以上詠進也、

寶永五年正月二十三日

天皇東山ノ御猶子ト為ル、仍リテ御禮ノ為参内、御

三間ニ於テ御對面アリ、天酌ヲ賜ハル、

〔有栖川宮家司日記〕○高松宮家蔵

宝永四年十二月十八日、天晴、

一、准后様ヘ右窺ニ豊前守参、清水谷殿、梅小路殿御居合則承之、

今日従御所召ニ来参内之處ニ清水谷大納言殿ヘ被仰出以傳奏従准后御願有栖川宮御猶子之義被聞召届候猶被定御日柄可被仰出之由御内意也、此義准后様ヘ被仰上御内祝也、則豊前守参合其上今日者有栖川宮賢宮ヘ御成候間豊前守ニ被仰進之由、依之賢宮様ヘ参右

編修課

申上則忝畏召之御礼上様ヘ之義宜准后様ヘ御頼之由申参、以坂田申上也、

右仙洞様ヘ准后様ゟ御内意有之、忝畏召之由御文ニて申参之由也、

一、仙洞様ゟ有栖川殿ヘ御猶子之義可被仰出候之由被聞召、目出度思召之由ニて生鯛一折ニ御留主之内被進之由也、木工頭承御留主之由申入候旨也、以権頭了簡則右御使忝思召候、御猶子可被仰出御内意ニて忝思召之由、則仙洞様ヘ木工頭御使ニ参之由、准后様ヘ木工頭被

申来則可被申上之由申、此義御口上之品御請之様子可有之事歟、

〔有栖川宮家司日記〕○高松宮家蔵
宝永五年正月廿三日、天晴、
一、巳剋斗禁裏様ゟ女房奉書以御猶子之義被仰
出、
御文案中高ニ枚裏方ヘ書返ハ重紙ノ紙裏
ありす川殿御ゆうしの御事此たひ御ねか
ひにておハしまし候まゝ、けふ日からよく
候て御ゆうしおはしまし候、幾久しくとお
ほえさせおハしまし候よく／＼心得候て
申せとて候かしく、

誰にてもの御局へまいらせ候
（○請文略）
右之后以女房奉書御祝儀被献
御目録大高ニ枚立　御使右馬権頭長上下
紗綾　五巻
昆布　一折十把
鯣　一折十連
塩鯛　一折十枚
御樽　一荷
以上　御名之札無之

一、仙洞様ヘ柳樽一荷昆布一折十干鯛一折十
（○女房奉書略）
一、親王様ヘ紗綾三巻大樽一荷昆布一折干鯛一
折十枚　御目録禁裏様之御通也
一、女院様柳樽一荷昆布一折十干鯛一折十
一、大准后様柳樽一荷昆布一折十干鯛一折十
一、准后様大樽一荷昆布一折十干鯛一折十紗綾
三巻
姫宮様干鯛一箱
右御使木工頭長上下

一、勅使土御門兵部少輔泰連衣冠下使川口半衛門後
日百疋被下
御絹五疋昆布一箱廿入鯣一箱廿入干鯛一
箱廿入大樽一荷
親王使四辻少将公尚狩衣下使井上源兵衛後
〔日〕百疋被下
綿十把昆布一箱干鯛一箱大樽一荷
午剋斗添使持参御進物受取御座敷ニ置勅使
親王使一度ニ御参御目録〔折カ〕御目録御直ニ持参
御口上御申上御一人宛被仰入直ニ御請被仰

上両使へ可被祝之由ニて雑煮足打、浅汁、漬物、御吸物、鯛
ヒレ、御雑煮出、錫三重、御肴、
次宮御雑煮不出、御盃出、御錫、御硯蓋、松梅御肴三種、御陪
膳諸大夫参、
一献被召上手ニテ御盃中央ニ持参、土御門
殿進出、御盃頂戴、御肴被下、其盃ヲ外山宰相
殿被呑納、次一献上り手ニテ其御盃四辻殿
頂戴、有御肴被下、其盃伏原殿被呑納、
次宮御入、御酒数献ニ取、其后退出、
一、御参内未中剋、御出門前式有御盃御銚子一献

三度、御陪膳外山左衛門権佐光和、清水谷中将
雅季、御手長豊前守貞玄、
（○供奉略）
腰輿、長橋奏者所奥間へ御腰輿入、先侍昇上
ル、表使其外准后上臈お久御小う人出向、被
申之由也、
一、御童直衣、御指貫ニ陪織横目扇、御乱髪也、御
下召黒紅梅、御守刀不入、
今日伺公、堂上狩衣、諸大夫長上下、以下近習
尉斗目半上下、

一、於御三間御対面、初献饅頭、大典侍殿御酌ニ
献かへ御盃天酌之由也、
御退出之節准后様へ御成、申下剋還御、
一、仙洞様ゟ以女房奉書、侍使井口修理後日ニ大
樽一荷、昆布一箱、干鯛一箱被進、百疋被下、
一、准后様ゟ干鯛一箱、御樽代白銀五枚、姫宮様ゟ
干鯛一箱、
右御使山口中務忠長上下、御口祝被下、

（有栖川宮家諸祝儀次第書）○高松宮家蔵
（包紙）
「御祝儀書類」
（外題）
「御猶子御祝儀雑用」
（宝永五年）
正月廿三日
御猶子之時御入用
一、銀壹貫八拾七匁五分　御進物
金壹歩七拾五切
（○中略）
一、銀三百八拾八匁弐分　魚方
正月廿三日　壬正月十六日
両度御振廻御進物
（○中略）
合三貫三百四拾三匁四分

〔輝光卿記〕
寳永五年正月廿三日、晴、今日有栖川宮當今御猶子之御祝義有之、

〔基熈公記〕十三
元禄九年七月四日、戊午、天陰、至午時々見日影、又雨下、
一傳奏申云、去春下向関東之時、日光門跡被示云、有栖川宮若宮可為當今御猶子様可沙汰旨、雖被入魂、其後無何遅引之處、從有栖川宮同趣被示聞、今日對佐州談此事之處、所詮可在叡慮旨申間、今日可奏聞哉、答、一々早可奏也、（上件条々取大綱注之而已、）両卿退出、上件之子細等、日比一向不聞之、但於從武邉申事者、傳奏時々令聞余、於禁省大小之事者曽以不令聞之、尤外本内末之事歟、如何々々、雖有所思難注記之、

寳永五年二月十一日
儲君慶仁親王、假殿（有栖川宮邸）ヨリ新造御殿ニ移徙ス、仍リテ假邸（鷹司家寺町屋敷）ヨリ有栖川宮本邸ニ還ル、尚、此ノ度ノ假殿提供ニ對シ、幕府ヨリ白銀三千両ヲ受領ス、

〔有栖川宮家司日記〕○高松宮家蔵

宝永五年二月四日、天晴、

一、土御門殿ゟ勘文之写御方角宜由、

御本殿還御之日時

今月十三日庚申　時辰

宝永五年二月三日　泰連

右御日限之儀先頃木坂越中守申十一日御移徙候間十五日迄之内吉日可勘之由、依之被勘ニ付木坂ヘ以手紙申遣之処、少々急成故十三日ニ渡候様ニ難仕之由返事来、

五日、天晴、

一、木坂越中守ヘ行、御日柄之義申所十四日十五日ニ可相渡十八日迄之内ニ御日柄可考之由也、十三日者此間御道具運申儀延引ニ成申故一日之間ニて難成之由也、

明日公義ゟ御銀可被進、依之親王様ゟも御使千種殿伺公候御様子承処御吸物御酒御對面可然之由也、其外御様子も有之候ハゝ可承由申、

六日、天晴、

一、親王様ゟ御使千種中将殿御出、御半尻御着用、御對面御直ニ御口上被申、御目録被差出、御覧次御盃御吸物御官御使足打御方三方、御盃有御氣色被召上御杓右馬権頭参、御盃被下、御肴被下、外山殿盃御吞夫ゟ段々ニ御盃数献御肴品々済候御返答被仰御退出也、

縮緬十巻中高三十帖白銀五十枚昆布千

鯛鯣箱御樽一荷

禁裏様ゟ大生鯛一折ニ御使勢田豊前御吸物御吸物御酒被下、外山殿御返答被申上也、

一、高野殿諸大夫又吽ニ来、豊前守参、中納言殿御逢、多田弾正、渡辺伊織出有之、被仰聞今度関東ゟ御假殿之義ニ付御銀被進候、則書状掛御目之由也、

今度有栖川殿亭親王就被用于御假殿従関東有栖川殿ヘ白銀三百枚被遣之候、此旨宜有御沙汰候、以上、

二月四日　松平紀伊守

柳原前大納言殿

高野前中納言殿

右罷帰申上、重而右之通被聞召届忝思召候、
尚以御使御礼可被仰入候由、則右書状高野
殿ヘ御返弁豊前守参、小林監物ニ渡之、
右之御礼使松平紀伊守殿ヘ被遣可然候由、
関東ヘ之御飛札之義鷹司殿御聞合可然之
由、両武家ヘ御使被遣可然哉之由申處尤之
由也、
一、右之為御礼准后様ヘ右之段々被仰進、御使豊前
守、
禁裏様ヘ長橋局迄右三色御礼

親王様ヘ右三色御礼櫛笥殿迄御口上
櫛笥殿ヘも御口上
関東ゟ御銀御礼口上松平紀伊守殿ヘ、右御使
豊前守
右之序清水谷殿ヘ右乍御相談申入、
一、准后様御里御殿ヘ今日ゟ御道具入此義傳奏
雑掌迄物語申、
七日、天晴曇
一、御道具御里御殿ヘ持運織部参令入魂也、
十日、天晴、
一、土御門殿ヘ御使先日御勘十三日被仰入候ヘ

書陵部（三号）

共明日御本殿早被渡辛御移徙之日ニ候、還御
可被遊之由、故還御ニ候、依之此義ハ仰遣御使
靭負、
十一日、天晴曇、
一、町口越中守兼而依示合晝前准后様迄参可相
待之由申、仍而申来、御本殿可相渡之由三澤壱
岐守ゟ申来、
午剋、豊前守、右馬権頭御本殿請取ニ参、則壱岐
守、西池木工頭、岡本頼母同道被引渡、鐙共、請取
各退出、鐙共請取、

書陵部（三号）

一、両傳ヘ口上書ニて御使靭負還御前
有栖川殿御本殿ヘ今日未剋還御ニ御座候
為御届申入由也、
月日、　矢嶋豊前守
藤木右馬権頭
一、山口安房守、曽根能登守今日未剋御本殿ヘ還
御之由申遣、
一、未剋御本殿ヘ還御（中略）
一、御道具運送午剋迄ハ御移徙ニ付遠慮被仰付、
賢宮様迄運置、
一、上下御霊社今日御移徙之御祈念（中略）御代参

書陵部（三号）

織部、

〔関東挙書留〕○高松宮家蔵

一寶永五年二月六日、関東ゟ此度御假殿ニ付白銀三百枚被進、御札御飛札、

今度親王御方御假殿被用有栖川殿御亭候ニ付、白銀三千兩被進、忝思召候、依之従有栖川殿為御札以飛札被仰入候、此旨宜令申沙汰給候、恐々謹言、

二月十三日　外山左衛門権佐

光和

土屋相模守殿

秋元但馬守殿

大久保加賀守殿

井上河内守殿

〔季連宿禰記〕

寶永五年二月十一日、戊午、晴陰、今日親王御方自御在所萬里小路一條北、有栖川宮御在所、今渡御新殿給、其所南門大路南也、前駈殿上人十六人、扈從公卿七人云々、

寶永五年三月八日、油小路姉小路下ル町ヨリ火ヲ發シ、洛中大火トナリ、餘炎内裏仙洞其ノ他ニ及ブ、仍リテ難ヲ避ケ寶鏡寺ニ入ル、然レドモ宮邸ハ類燒ヲ免レタルヲ以テ、翌九日還ル、尚邸内鎮守社社殿ハ燒失ス、

〔有栖川宮家司日記〕○高松宮家蔵
寛永五年三月八日、天晴、
一、出火午刻油小路姉小路下ル町ゟ焼出、上ハ禁裏、仙洞、春宮、中宮、女院、大准后御所々々、飛鳥井家、廬橋、藤波、塔ノ段、本万寺限東ヘ、焼抜下ハ鴨六十四軒余焼失、下ハ寺町、四條、西ハ油小路迄焼、翌日未刻焼止、鎮守社焼、御殿無着、禁裏、春宮、女院、中宮上御靈或御所八幡上賀茂細殿ニ皇居、亥刻斗近衛殿亭ニ還幸、仙洞御所聖護院大佛御宿梶井殿次ニ一條殿亭ニ還幸、大准后京極宮御同道大聖寺宮ヘ、
右被窺御機嫌御使木工頭大学、
九日少雨天曇、
一、宝鏡寺様ゟ午刻斗還御、御長刀侍弐人近習二人右馬権頭御挟箱、
一、鎮守御正躰昨日織部奉明御戸守出北御蔵ヘ奉令遷其後御社焼亡之也、
一、昨日鎮守令遷石私宅ヘ見廻罷帰社焼失聞之築地火傳所清之文内百姓令下知消明正院御屋敷築西ヘ焼行清之文内織部申渡火消大方切ふせく内小堀二右衛門家来織部以挨拶渡消之百姓段々来御文庫西方ニ百姓弐人宛番申付、今日人足廿人来御假殿御沙汰故為用事、
十日天晴、
一、宝鏡寺様ヘ御使此間火事ニ御立退御逗留御馳走御礼使織部、

〔輝光御記〕
寛永五年三月八日晴及暮雨下時々也午刻火事油小路通姉小路下ル町西側北ノ門ヨリ二軒目南ガヘヤ不止類焼御所方已下、
禁裡　仙洞　女院　春宮　中宮　大准后
女一宮（以下略）

【基熙公記】
寶永五年三月八日、乙酉、天晴、風吹、時々烈、午下刻
油小路ニ條下町出火、坤風以外也、無程及大火、未
中刻東宮御所今度新造仙洞女院禁中一時為灰、関白
亭安否未定、雖無人馳人令尋處、申斜追餘灰旨長
房朝臣来申之、且又可為皇居之旨治定云々、

書陵部（三号）

寶永五年三月十三日
過日ノ大火ニ依リ、中宮御所幸子女王モ亦燒失セル
ヲ以テ、願ヒテ有栖川宮邸ヲ中宮假御所ニ供ス、
乃チ是ノ日、中宮ノ行啓ニ先立チ、寶鏡寺ニ移従
ス、

編修課

【有栖川宮家司日記】○高松宮家蔵
宝永五年三月十一日、天晴、
一、中宮様〆召ニ、未参、豊前守参、新宰相殿御出、被
仰聞、中宮様御假殿久我殿ニ可成哉候御沙汰
ニ而候間、有栖川様〆御願被進、有栖川様御假
殿ニ被成度由御願被進候様ニ頼思召候由也、
従中宮様被仰ニハ無之、御願被仰上可被進之
由、則罷帰申入、両傳御宿相尋處、方々遠今日依
御用御所ニ御座候由故、以對馬守頼御表へ参、
柳原殿御出、高野殿ハ御用候而柳原殿ニ御出之

書陵部（三号）

由、右御願之御口上、
今度中宮様被為成所若外へ御假殿之御
沙汰も御座候ハヽ、有栖川殿御里元ニも
御座候間御假殿ニ被成度候、不苦候ハヽ
御願之通申入處、御返事、御假殿之義御口
上御尤ニ存候、併最早御治定、紀伊守へハ
聞ケ不申候へ共、久我へ被仰出候、御尋之
事故申入之由也、其段罷帰申入、又御使申
入之處、御両傳御出、御口上申、中宮様御假
殿久我殿ニ被仰出候由被聞召候、御壱所

書陵部（三号）

ニ被為成候哉と思召候外ヘ被為成候御事ニ候ハヽ今一應御願之義何とそ宜御沙汰御願被成候頼思召候由申處最早御治定之事候ヘハ難成候御願之義御尤ニ候ヘ共最早久我ヘも被仰出候間遅ゝ故難成候、殊ニ宮御邑所ニも難被為成、又宮可被為成所も無之□由御申ニ付、其段竹門様御里坊被仰遣置候故此段者御氣遣被成間敷由申入處ニ御両傳左候ハヽ今一應御沙汰被成御覧可有由ニて相待此間

山口安房守ヘ以町口越中守何とそ外ヘ被為成候ハヽ中宮様御里元ニも御座候間此方ヘ被為成候様ニ有之度候遅ゝ由御座候ヘ共禁中様御一所ニ被為成無御沙汰ニも如何故其御心得ハ有之候ヘ共後不被仰出今日未ゝ風聞故先被仰候事ニ御座候、宜頼存之由申、則越中守引付逢被申段ゝ申其節両傳御出候故安房守前引退也、其以後相待両傳御出、此度中宮様御假殿有栖川殿ヘ被為成様ニ御願之義又及御

沙汰候ヘ共最早遅く久我ヘ被仰出候ヘハ難成候間左様ニ御心得可被成候由御申也、其段中宮様ヘ参申上御残多思召之由也、

其上最早紀伊守ゟ関東ヘ被申遣候ヘハ難成候由

山口安房守も又逢被申右之通申候ヘ共遅候而難成由被仰出候、兎角窺候而之儀ニ候ヘハ了簡無之存候由也、

一、後刻御假殿ゟ両傳御用之義候間豊前守可參之由以白川京衛門申来、依之早參禁裏様以取次衆両傳申入處相待其後御出御両傳被仰渡者此度中宮御假殿久我方ヘ被仰遣候ヘ共武家見分之上セは御座候而難成由ニ候、幸有栖川殿御願之義ニ候ヘハ有栖川殿御殿御假殿ニ可成候間左様ニ御心得可被成之由也、宮ニハ弥竹門御里坊ヘ被為成候哉之由、成程其通之由申入、何時分可被明哉之由申所、其段乎前共不承、猶重而其義ハ可有之由也、御両

傳遠方御宅ヘ御帰間御返事之御使被下
ニ不及之由也、
右中宮様ヘ申上則罷帰申上、
一、柳原殿紫竹ニ在宅、御使靱負高野殿田中
渡辺伊織家ニ在宅、御使大学、
右御口上者先剋豊前守ヘ被仰聞候通委
細被聞召候、中宮様御假殿ニ可被成候由
御本望思召候、依之為御返事被仰入由也、
御念入候通承候由御返事也、
山口安房守ハ御使

口上先剋豊前守ヘ入御念候通御満悦
ニ思召候、有栖川殿御殿中宮様御假殿
ニ可被成候由両傳ゟ被仰渡御本望ニ
思召候、依之使被遣之由也、
一、竹門様ゟ塩小路式部卿御使ニ未方〻ゟ
御里坊被借候故先達而此御所ニ被仰候
ヘハ御待合故承ニ参之由也、依之弥御假
殿ニ成候間御借可被遊之由申付也、
一、竹門様ヘ御使木工頭此度此方御殿中宮
様御假殿成候ニ付御里坊可被為借之由

被仰候ヘハ借可被進之由ニて御満悦ニ
思召候、弥左候ハヽ借被進候様ニ頼思召
候由也、
式部卿迄猶御里坊明候ハヽ御案内頼存
候由申遣、
一、中宮様ヘ弥御假殿ニ成御本望ニ思召候
由御使被進、御使豊前守、
十二日、天晴、
一、土御門殿ヘ方角之義御尋御使織部
少〻不聞義依有之権頭参承處亥方ヘ被為

成辰巳之方ヘ御移候ヘハ宜由家老承置申
由御留主之旨也、重而参承處其御假殿を辰
巳ニ當テ亥ノ方ヘ御成宜由也、
十三日、雨天、
一、伏長老此方御假殿ニ成候ニ付御両傳ヘ御尋
ニ参處（柳原殿御所ニ御座候間則申承處）竹門様ハ全神鬼門故御心掛ニ付伏長
老ヘ御成之義御尤思召候、御同役御出無之間
猶可被仰談口上書仕可越之由也、
一、右口肬書認取次衆迄頼為持遣
有栖川殿御亭中宮様就御假殿有栖川殿ニ

者相國寺瑞春庵へ御移被遊候為御届如此ニ御座候、以上、

子
三月十三日、　藤木右馬権頭
矢嶋豊前守

柳原前大納言様御内

高野前中納言様御内

一、山口安房守殿へ参、今日中宮様御入被遊ニ付有栖川殿ニ先宝鏡寺様へ御成被遊候相國寺伏長老ニ御成之義寺中入候事故不同心ニ御座候ニ付被差止候、先宝鏡寺様ニ被為成御假殿相極次第ニ可被申入之由申、豊前守

一、柳原殿御屋敷迠高野殿御在宅迠御使今日中宮様有栖川殿へ被為入候而有栖川殿ニ者先宝鏡寺宮へ被為成候相國寺へ御成之義魚鳥入候事寺中不同心故被差止先宝鏡寺様ニ被為成候由申遣御使定右衛門、

輝光卿記

寶永五年三月十三日、曇、雨時々、今日中宮行啓于

有栖川宮

寶永五年三月十七日

邸内鎮守社ノ假遷座式ヲ行フ、

【有栖川宮家司日記】○高松宮家蔵

寶永五年四月十九日天曇

三月十六日今之儀出仕シテ聞書

一十六日藤木大蔵少甫明日鎮守御假殿へ迁宮ニ付北御蔵御棚鎮座内覧御庭御假殿拝見木工頭同道

十七日天晴

一鎮守御假殿迁宮入夜先地祭御祓大蔵少甫成恒修之

傳供藤木宮内少甫将衣戸田織部賀茂大夫御蔵鎰役酉剋御迁宮成恒修之御簾帳之義も頼遣幕持参御供等被申付義成恒調進戌剋御迁宮済

御祝義白銀壱枚大蔵少輔へ被下百疋傳供藤木宮内少甫へ被下此義兼而談之木工頭ニ申聞先例相勘假殿迁宮故軽シ豊後守へ社家方様子令入魂候處尤之由故如此

酉剋御迁宮ニ付中宮様へ御成御供御頂戴戌剋還御御雑費出之由也其外御祝義と申事も無之也

寶永五年三月二十七日

相國寺内瑞春庵ヲ有栖川宮假邸ト定メ、寶鏡寺ヨリ移徙ス、

〔有栖川宮家司日記〕○高松宮家蔵

寶永五年四月十九日天曇

一山口安房守殿ヘ自分ニ参此度引込故不得御意候御假殿御世話故宜下様躰迄承存候様被為出候故御見廻申入由也。

三月十六日ゟ之儀出仕シテ聞書

○山口安房守ゟ書状夜前ハ得御意令大慶候。

御假殿之義以傳奏衆達御耳候處ニ相國寺之中被仰出則柳原大納言殿御宅ヘ相國寺役者召寄右之趣被申渡候由ニ候。為御心得如此ニ候。以上。

三月十六日　山口安房守

両人

一山口安房守ゟ諸大夫一人可参之由。右馬權頭参、有栖川殿被成御座候御殿無之ニ付相國寺中假御殿ニ指上候様昨日被仰渡、則瑞春庵相極候間猶傳奏ゟ御申渡可有候由御内意申旨也。

后刻御礼使權頭参。

十八日

一東御門跡ゟ御假殿之義六條ヘ被為成可被下之由度々申来。

廿六日

一傳奏衆ヘ御假殿御移候書付遣

覚

有栖川殿御假殿相國寺ノ内瑞春庵ヘ被仰出御繕裏道等之儀被仰付忝思召候。明廿七日御移被成候為御届如此御座候以上。

子三月廿六日　藤木右馬權頭

廿七日、

一、松平紀伊守へ御使、今度相國寺瑞春庵御假殿ニ被仰付御繕裏口等出来、御満悦思召候、依之今日御移被遊候、右為御届被仰入候、御使勅負、

一、申剋従宝鏡寺様相國寺瑞春庵へ御移被遊、小少将方ニハ先宝鏡寺様ニ有之、

四月朔日、

一、宝鏡寺様ニ此間御成之為御礼御使越前奉書一束綿弐把被進、

御使左兵衛督

（中略）

寶永五年五月二十三日

生田英全ヲ召シ孟子ノ講釋ヲ聴聞ス、

編修課

〔有栖川宮家司日記〕〇高松宮家蔵

宝永五年五月廿三日、天晴、

一、孟子御講談今日ゟ始生田英全伺公、

廿八日、天晴曇、　一、孟子御講尺生田英全伺公、

六月三日、天晴、

一、孟子御講尺生田英全巳剋伺公

八日、天晴、

一、孟子御講尺生田英全巳剋伺公、

十三日、天晴曇、

一、孟子御講尺生田英全伺公、

十八日、天曇、

一、孟子御講讀生田英全
八月三日、天晴、
一、孟子御講讀生田英全伺公、
八日、少雨曇、
一、生田英全孟子御講巳下剋伺公、
廿八日、天晴、
一、孟子御講讀生田英全伺公、
九月八日、天晴、
一、孟子御講尺生田英全伺公、
九月十三日、天晴、
一、今晝孟子御講尺生田英全伺公、
十八日、天晴、

一、孟子御講尺生田英全伺公、

寶永五年五月二十四日
三輪希賢〈號執齋、稱善藏、〉ヲ召シ、小學ノ講讀ヲ始ム、

編修課

有栖川宮家司日記　○高松宮家蔵
寶永五年五月廿四日、天曇、
一、三輪善蔵伺公、小學御講讀始、
六月六日、天晴、
一、三輪善蔵伺公、小學御講讀巳剋過、
九日、天晴、
一、小学御講讀三輪〔善〕蔵伺公巳剋、
十二日、天晴、
一、小學御講讀三輪善蔵伺公、
十七日、天曇、

一、小学御講読、三輪善蔵伺公、
八月七日、天晴
一、小學御講讀、三輪善蔵伺公、
十日、天曇晴
一、小學御講讀三輪善蔵

寶永五年七月十九日
鶴澤幽皓探鯨ヲ召シ、席書ヲ描カシム、

〔有栖川宮家司日記〕○高松宮家蔵
宝永五年七月十九日、雨天、
一、鶴沢幽皓安房守依申為御慰召シテ繪被仰付御對面也、
伏長老、伏原殿御夜食蕎麦切出、戌刻御帰、山口安房守御暇之節内記へ御鼻紙袋右近へ造鳥ニ被下、酉中刻退出、

寶永五年九月二十九日
中宮幸子女王假御所有栖川宮邸ニ於テ宣旨使ヲ迎ヘ、親王宣下ヲ蒙ル、名ハ高辻資長ノ内勘ニ依リ、政仁ト賜ハル、權中納言久我輔通勅別當ニ補セラル、仍リテ十月一日、中宮假御所ニ參入、夫レヨリ御禮ノ爲、假皇居近衛家煕邸ニ參上、天皇東山ニ謁シ、天酌ヲ賜ハル、尋イデ東宮慶仁親王ノ御座所ニ參入シテ御盃ヲ賜ハル、

〔有栖川宮家司日記〕○高松宮家蔵
宝永五年九月廿日、天晴、
一、中宮様ゟ両人之内召来、豊前守参、以坂田被仰
出、
親王宣下之儀、唯今従御（所）被仰進候、来廿九日
親王宣（下脱カ）可有之候、勅別当ハ久我中納言殿ヘ
被仰出候、且又此度之御肝煎之事中院大納
言殿ヘ従中宮様御頼被遊可然之由ニ候、御（従）
所急度被仰付候と申事ニ候ハ無之候、併於
御所も可被仰出之由也、宮様御名字被仰出

候、若思召寄候哉之義被仰出候ヘ共、何之御
存寄も無之由被仰上候、勘文到来候、拝見可
申哉之由ニ付則拝見写之、
勘申御名字事
正仁　王篇曰、正之盛功不邪也、晋書曰、居正安其身、
有仁　王篇曰、有千久功不無也得也、孟子曰、王何必曰利、亦有仁義而已、
右勘申如件
寳永五年九月廿日
従四位下行少納言侍従文章博士大内記春宮学士菅原朝臣資長
右之通罷帰申上（之）処、忝思召候由、又御礼御返事

申参、以坂田申入、
廿八日、天晴、
一、明廿九日親王宣下ニ付、宣旨中宮様ニて被受
之、御見廻被成御肝煎頼思召候、中宮様ニも其
思召ニ御座候御事ニ候、
柳原大納言殿、高野中納言殿、久我大納言殿
中山大納言殿、池尻中納言殿、石井宰相殿、武
者小路宰相殿、藤谷中納言殿（以下十四名略）
廿九日、天快晴、
一、内侍所ヘ御鈴料弐百疋、生鯛一箱ニ、御使

一、勅別当之宣旨於裡亭〔里〕被受之由也、
一、巳剋陣儀之由也、
宮様装束御乱髪、御下（不及御半元服御例）召黒紅梅夏御童直衣、御（濃花田）
指貫ニ陪織横目扇、御衣紋高倉右衛門権佐
諸卿衣冠
殿上人　大膳大夫長康衣冠単、紫指貫（古蔵、濃色雲蕪地紋、単紋也、）
宣旨取次諸大夫　豊前守貞玄衣冠単、
役人外諸大夫　布直垂
陪膳近習狩衣或布衣、
表御車寄帳番尉斗目半上下

御案内役人狩衣
内玄関奏者取次長上下御祝義使出（中宮御殿ニ而渡之）
一、御殿御装束
（○差図略ス）
一、御饗應中宮様ゟ被遊被進
赤飯御吸物夕御料理一汁五菜御茶御菓子
大納言以下平折敷大臣三方
一、親王宣下次第
（○次第書ス）
一、宣旨夕ヽヒト（ヘ）訓之

正仁
一、宮御内々御献御書院ニテ有之
御陪膳長康衣冠御手長貞玄衣冠
初献御盃御肴京雉片口御銚子二献壁献片口御
銚子三献對御銚子
一、勅別當先御對面下段無御茵
御陪膳殿上人長康衣冠単
同御手長諸大夫貞玄衣冠単

王臨○
別當
中院

先御盃片口御銚子有御氣色二献供シテ（三方臺）其御
盃殿上人直ニ別當方へ持参別當頂戴一献御
肴（盛硯蓋）貞玄持参宮御前ニ置別當一献之上ニ
御肴被下此時扚貞玄替一献加ラル中院依詞
殿上人ニ盃ヲ遣（ミニ）納御シヲミ土器御肴置時取
テ帰ル
一、次左大史庇間ニテ御礼ノ申次豊前守也史下ニ
据拝后於奏者所赤飯御吸物御酒等被下之
一、勅使持明院中将衣冠春宮使堀川民部権大輔
衣冠御目録持参御口上被申直ニ御目（録）被差出
御披覧勝ニ被置時殿上人取テ退后御返答被
仰上祝可被申由ニて御入赤飯御吸物御酒出
及数献退出
一、今日御見廻　○久我大納言御料理出
久我大納言藤波三位○中院大納言○清水谷
中将○京極宮　御對面　（○以下廿七名略ス）
一、御進物御定
禁裏昆布十鰑十生鯛三大樽御太刀銀壱枚
仙洞昆布鰑生鯛ニ大樽一荷無御太刀
春宮右同断
中宮右同断

女院民布十把、干鯛十枚、大樽一カ
一、大准后同、
関白同　京極様御例布直垂
勅別當御到来ニ紗綾二巻添
上卿同、
奉行辨御到来ニ紗綾一巻、杉原十帖添、
参陣辨同、
両傳奏箱肴一種三百足、
長橋局大和殿ヘ生肴一種宛、
勅使御到来物ニ御肴一種添

春宮使同、
内侍所生肴、金弐百足、
御所方御行使ヘ引取次ハ弐百足、使番ハ百足、
一、相國寺御假殿ニテ申下剋ゟ伺公、堂上方、
沢修理大夫、伏長老、石山三位、中院大納言、清
水谷中將、高倉右衛門権佐、鷲尾中納言、桑原
三位（ハ。名以下略）
謡筒井三郎兵衛、堀長兵衛、曽我勘兵衛
三郎兵衛弟子小鞁、六左衛門、大鞁中矢
五左衛門、

御盃臺四五出、先御吸物ヒレ、御夜食一汁三
菜、亥下剋済、
十月朔日、天晴、
一、禁裏様ヘ御礼兼而中宮様被征窺今日也、春宮様
ヘハ御内〻ゟ被為成筈也、
一、中宮様ヘ為御礼羽二重二足、紅白鱧一折二、姫宮
様ヘ紗綾一巻被進、中宮様上番迄御祝義被下、
一、巳中剋中宮様ヘ御成、青侍五人、近習大蔵靫負諸大
夫、斗目半上下、右馬権頭伊与守腰輿、六人、中間二人、御草履
取二人、又者四人、笠籠二カ、中間押、御肴用御下
召黒紅梅、冬御直衣、御指貫二陪織、御垂髪横目
御扇、左兵衛督御供、乗物、三人中間下女
中宮様ニて御用意、未剋斗ニ右御装束ニて御
参内、親王宣下御礼日之御門代ゟ御輿入、御書
院之御縁姫宮方之御輿居ニ入、女中御出向御
沙汰也、取次出向筈也、
禁裏様御對面、
饅頭献、壁献也、二献目ハ天杓之由也、
次春宮様ヘ御内之御廊下ゟ御成、
御盃有之由也、

申中剋還御、中宮様迄、
右天盃御礼使下野守、
酉中剋御殿ニ還御、
七日、天晴
一、平田外記持参
親王宣下御下行米之事
合拾三石五斗
右者九月廿九日親王宣下陣儀諸司御下行
米也、依例注進申所如件、
宝永五戊子年十月日、

未役 少外記中原友昌判
当役 左小史安倍信亮判
有栖川宮様
諸大夫中
表紙書付親王宣下注進状諸司中右請取置候
由申遣、取次申出叙貢、今日御祝義ニ而先注進之
由也、

書陵部（三二号）

【章弘宿禰記】
寶永五年九月廿九日晴
一、今日有栖川宮親王宣下也、幸仁親王御子、中宮之御弟也、
剋限巳一点着束帯参陣次第如例、
上卿権中納言共方卿梅小路、奉行職事頭右大
弁尚房朝臣参仕、弁右少弁光栄、
勅別当久我中納言通綱、
権大外記師英左大史章弘権少外記在原英昌
右大史香職召使宗岡行佐使部両人陣官人櫛
田大蔵省主殿寮掃部寮等也、

書陵部（三二号）

御名字折紙職事書之下上卿仰詞有上卿召弁
下之弁参軾承之退下史毎事如例勅別当事仰
如例、
高檀紙折紙三ツニ折テ
書之也、正仁
正仁
正仁
右少弁藤原朝臣光栄傳宣権中納言藤原朝
臣共方宣奉勅宜為親王者
寶永五年九月廿九日

書陵部（三二号）

主殿頭兼左大史小槻宿禰章弘奉
權中納言源朝臣輔通
右少辨藤原朝臣光栄傳宣權中納言藤原朝
臣共方宣奉勅宜為正仁親王家別當者
寶永五年九月廿九日
主殿頭兼左大史小槻宿禰章弘奉
一陣儀以後宣旨持参先参別當亭以五位諸大夫
進之別當被覧之後空筥返給次令面拝今日之
義被賀則別當被参親王御所予相續参之以諸
大夫ニ不知献宣旨御覧之後空筥返給筥之内江

白銀一枚被入之予取筥渡呂使宗周行佐次可
有御對面之由被仰下之間参御前跪御童形也退
関所ニ於テ一献被下退出候

〔院中番衆所日記〕○東山御文庫本
寶永五年九月廿七日有栖川宮親王宣下被遣御
祝儀
昆布一筥　　干鯛一筥
御樽一荷
右御内儀御沙汰
中宮御方
鯉二尾一折　被進之子細同上

〔正仁親王親王宣下宣旨〕○高松宮家蔵
正仁
右少辨藤原朝臣光栄傳宣
權中納言藤原朝臣共方宣奉
勅宜為親王者
寶永五年九月廿九日主殿頭兼左大史小槻宿祢章弘奉

寶永五年十二月二日

上皇靈元親王元服以後參院ノ節ハ、伏見宮ト同ジ所ニ於テ下乘スベキ旨仰出サル、尋イデ十二日、禁裏東山ヨリ同様ノ仰ヲ蒙ル、

（有栖川宮家司日記）○高松宮家蔵

宝永五年十二月二日、天曇

一、仙洞様〆藤谷殿梅小路殿被仰渡候御用候間諸大夫一人御車寄迄可参之由手紙冨嶋左近将監〆申来、即刻豊前守参、於御車寄藤谷中納言殿梅小路中納言殿御両人ニテ被仰聞、有栖川宮近々御元服ニ候、就夫被仰出ハ、於式部卿宮ニ者御時宜潔シテ於御門外御下乘候、此度御元服以後、有栖川宮仙洞御所ヘ御参之節者、伏見宮御通ニ其所ニて御下輿可有之、禁裏儀者此方〆者不被仰候由也、藤谷殿御申、禁中ニて事ハ此方〆ハ鬼角不被仰候ヘ共、仙洞御所ニて如此被仰出候由者被仰進候ヘ共御別條有之間敷之由也、

右罷帰申上、御大慶不斜、末々忝事不可勝斗、其段為御礼御車寄ニ参申入處、藤谷殿梅小路殿御出、御直ニ被聞召、以御序可被仰上之由也、

右為御礼藤谷殿亭ヘ御使伊与守、梅小路殿ヘも同断、中宮様ヘ右之趣被仰入、坂田被出候而委細被申上、

十日、天晴

一、伏見様承合小川民部少輔〆来、此方〆遣書付ニ書加来、

唯今御假殿之御所ニて御下乘之所、

一、禁裏様

右塀重門ノ前御玄関切石ヨリ壱間半斗手前ニテ御下乘之事ニ御座候、

一、仙洞様

右ロヂノ閾ノ外

一、春宮様

右御玄関敷臺ヨり壱間斗手前

一、女院様

右同断

一、中宮様

右同断

一、大准后様

右御敷臺ヨり半間斗手前

雨天之節者平付之事も御座候

右之通脇書民部少輔ゟ仕来、

十二日、天晴、

一、高野殿ゟ呼ニ来右馬権頭参

被申渡有栖川様御元服御下乗於禁裏様者

伏見様之御通ニ御下乗可被遊之由也、仙洞

様ニても其通被仰出由ニ付右之通被仰出

候由也、右之御口上渡辺伊織

〔有栖川宮系譜〕

正仁親王 〻東山帝御猶子

（寶永五年）

同年十二月二日、後西院依叡慮故式部卿宮於

内院下乗謙退故同摂政下乗之所、于時仙洞有

仰旨向後可同於親王下乗之由同月十二日従

禁裡可為其旨被仰出、向後可同於親王下乗也、

寶永五年十二月九日

近ク元服ノ儀ヲ行フヲ以テ、童借トシテ假皇居

近衛家熈邸ニ參内シ、天皇東山ニ御對面アリ、尋イデ仙

洞靈元假御所一條兼香邸其ノ他ニ參入ス、

（有栖川宮家司日記）　○高松宮家蔵

寳永五年十一月廿七日天曇

一、上御門殿ゝ御元服之日時来月十一日〆十五日迄之内可被勘上之由權頭申参、則御逢被勘

十二月十三日十五日之勘文来

（十二月）

九日、快晴、

一、禁裏様大生鯛二、　春宮様海老十、

仙洞様中生鯛二、　女院様海老十、

中宮様目盖一折、　大准后様海老十、

右今日御童惜御参ニ付被献、御使右近将監、

一、今日御童惜ニ付御参内、禁裏様御神事故先中宮様へ被為成、御神事済次第ニ御参内也、辰半剋中宮様へ御成、

一、御着用御袴、

一、御参内之時御乱髪御童直衣御指貫二陪織

横目扇腰輿、

（○奉供略）

一、今朝御内侍以上御嘉酒一汁三菜下之干物

一種御酒被下、

一、御膳如朔日御出門前蛤御吸物御酒、

十日、天晴、

一、昨九日之儀

未剋御参内御書院御縁へ御輿上ル、日之御門代〆御入御対面御献、次春宮様へ御廊下傳被為成御対面、御夕御膳大典侍殿御陪膳御拝領

物御末廣二本上様〆、

申剋仙洞様へ御参、御書院御縁ニ御輿上ル、御対面御献御詠共新大納言殿被窺之由也、御拝領物御末廣二本、御硯箱（黒塗蒔絵 竹南天）一面、次女院様へ御成、御庭道〆新大納言殿御供申御案内之由也、御献御拝領物朝鮮龍紋二端、

酉剋大准后様へ御成御玄関奥間ニ御輿入、御対面御献被進物色墨一包京極様松木大納言殿御出合御対面之由也、

寶永五年十二月十三日

歯黒目ノ儀ヲ行フ、皇后（幸子女王）ヨリ祝品並ニ歯黒目ノ道具ヲ拝領ス、

〔有栖川宮家司日記〕　○高松宮家蔵

寶暦五年十二月六日　天晴

一、上御門矢部殿ヘ御歯黒目之御日取十二月十一日／十四日迄之内御勘進被仰遣御使定右衛門則勘来

御歯黒之日時

十二月十三日　巳時

泰連

十三日　晴天

〔

一、中宮様ヘ御使豊前守（熨斗目半上下）御歯黒目為御祝義以女房以奉書被進

綿五把昆布十把干鯛十枚中樽一荷被進御歯黒目具被進ニ付赤飯一カのし添

（中略）

御返事出御使之禄百疋被下

一、左府様ヘ御使今日御習礼ニ付少之間ニテモ可被成可被進之由也、右馬権頭

一、中宮様ゟ御祝義被進御歯黒具（鶴）柳筥ニ入諸具被進昆布御樽紗綾二巻以女房奉書被進御使山口中務忠ヲ御使ニ百疋被下

一、巳剋中宮様御成今日御歯黒目同下剋済

御ひん中宮様御取被進

御眉ハ（父字）高倉右衛門権佐御書院上間ニて被遊御習礼前故御童直衣也、

御祝於常御殿儲御歯先折櫃物六合置御前次

御盃

小串鯛（亀足）

鯣

小折敷　御箸

初献　高橋采女正調進

〔

小角 海老　〓 右同　二献

浅漬 青菜　鯛豆腐

鮒　〓　三献

右陪膳山小路局（八ツキ紅袴）手長網御乳左兵衛督

折櫃物拝領

一合 山小路殿　一合 小少将方（御乳）

一合 新宰相殿　一合 左兵衛督

一合 坂田　一合 土佐

御献各へ頂戴

一、禁裏様へ二羽女房奉書御使右近将監禁裏様

ゟ以女房奉書鯛一折ニ御拝領翌日御礼使

右之御祝義被進事無之兼窺定

寶永五年十二月十五日

中宮假御所有栖川宮邸ニ於テ元服ノ儀ヲ行フ、禁裏東山ヨリ冠ヲ拝領シ、左大臣九條輔實加冠役ヲ勤ム、尋イデ大宰帥ニ任ゼラル、乃チ御禮ノ為假皇居近衛家熈邸ニ參入ス、

（有栖川宮家司日記）○高松宮家蔵

宝永五年十一月十二日 天晴

一、土御門殿へ御使最前御元服之日時被勘候へ共依御用御延引ニ候此日限之内ニて今又内勘文頼思召候由也、御使庄左衛門、

御元服之日時之内勘文

十一月廿六日ゟ晦日迄之内ニて一日、

十二月朔日ゟ五日迄之内ニて一日、

右如此御留主之由ニて申置、

一、御冠御烏帽子出来上ル、

十四日、天晴曇、

一、此度御元服ニ付首尾能相済申御祈禱
賀茂萩講中ヘ百足十四日ニ遣
同精進頭中ヘ弐百足十四日ニ遣
上御霊社ヘ百足
下御霊社ヘ百足
下鴨社ヘ百足　十五日ニ遣
例年調進之日供来廿一日、
上賀茂社藤木出羽守
下鴨社菊下野守
廿七日、天曇

一、上御門殿ヘ御元服之日時来月十一日ゟ十五
日迄之内可被勘上之由権頭申参、則御逢被勘
十二月十三日十五日之勘文来、
廿九日、天晴
一、中宮様ゟ召ニ来権頭参
御日限之儀被窺候處十五日と被仰出候由
被仰進御勘文返来御肝煎醍醐殿召ニ被遣
候ヘ共未御参無之候御出候ハヽ可被仰出
之由也、
〈

〈
十二月十三日天晴
一、御習禮巳剋催参候御衆中
衣冠園大納言狩衣久我中納言狩衣滋野井宰相束帯万里小路
頭弁衣冠櫛笥中将狩衣梅小路左兵衛佐（○以下九名略）
右各於御書院御對面有栖川殿ゟ御饗應致御饗應一汁七菜三方足打用
次御習礼午中剋御殿御装束在別記
今日御加冠左府公御参内故御不参、兼而被
談也
御前物等御習禮高橋釆女正参、

御元服間撤加冠座供之兼而此御休所と
申御吟味京極宮依御例如此、
一、右各有御嘉義御退出、
御菓子二蓋従中宮様賜之新宰相殿坂田被
出也、
一、御宮太宰帥兼而中宮様ゟ御内意被窺今日頭
弁殿ヘ御頼御申入也、
伏見様ヘ承合處旧例御元服二日前以女房
奉書御望之御官名内裏様ヘ御願候事ニ御
座候由書付来、

一、御冠御拝領中宮様ゟ御傳
十四日、天晴
一、昨晩御冠御拝領ニ付為御礼女房奉書
（○女房奉書略）
一、禁裏様へ御使伊与守
一、昨日御肴御拝領之御礼
一、御下来之儀御礼
一、昨日御冠御拝領御礼是ハ御文
一、中宮様へ昨日御礼使
十五日、夜前雪、天晴

一、禁裏様へ御太刀銀馬代、大樽二荷三種右女房
奉書中高ニ枚なりノ立文
（○女房奉書略）
一、仙洞様へ以女房奉書被仰入、
昆布一折十、易魚一折十、連生鯛一折ニ、大樽
二カ、
大高御もくろく裏ニ有栖川殿と付札
御文右同断、御使右馬権頭 赤漆臺
一、御元服廿日之儀宮御儲ニ相極
一、御湯漬一汁三菜 二ノ汁 香ノ物 足打 御吸物、御酒、御肴二種

書陵部（三号）

一、御元服御作法
一、御前物供進、
一、加冠御献儲斗ニ而御退出
一、勅使春宮使雑煮御吸物、御酒、御盃臺二、御
吸物御酒数献、御封面御書院上間、
一、御饗御膳二汁五菜御引物御酒土器肴御
吸物、御酒御盃臺五、御酒御肴色〻御茶面〻
御菓子御硯蓋二、
次還御之後
一、御假殿へ還御前ゟ御吸物、御盃臺、御酒、謹

書陵部（三号）

一、御嗜三番、御前望二番、其外一丁等有 高砂、東北、猩〻
一、御夜食一汁五菜
一、加冠御参之時諸大夫両人御玄関迄御迎、御車
寄之寄附間家司御出迎、寝殿廣縁迄御肝煎卿
両人御出迎、御書院ノ上間御陪膳大膳大夫御
元服前御封談、
一、勅使参向之節諸大夫可罷出
一、御殿御装束調度等置之、早天豊前守衣冠 単ニて伺公
一、中宮様御使
一、大准后様ゟ一荷二種御目録外ニ御盃臺壱被

書陵部（三号）

進、御使谷野土佐守狩衣御祝被下、弐百足被下、
一、巳剋前御加冠左府様御成、行粧有、供奉青侍以上赤飯御酒被下、四足ゟ御入、着座以下役人衆伺公、召供侍右同断、
一、御元服御作法巳剋始同剋済、御衣紋高倉中納言、同左衛門権佐、
御元服之時御着用、
御下召白絹練、黒紅梅御童直衣裏濃色
御指貫二陪織裏濃色、御襪練、御垂髪八文字眉、横目扇

御元服済后於御休所被改、御参内之時も
へ
御冠御押領月無之、本結掛緒、御下召右同、御直衣裏濃紫、御紋菊九曜、御単紅、二陪織御指貫裏濃紫、下結腕白、御襪練、御眉天井眉、御ヒンブク、横目扇
御前物六本供之、高橋采女正調進、御元服間大臣諸座撤之、
諸大夫加下知布衣役之、
御陪膳四位池尻右兵衛権佐、衣冠単、
役送五位諸大夫豊前守貞玄、衣冠単、
右馬権頭成宗、

書陵部（三一号）

供進次第陪膳殿上人御前ニ候
諸大夫持参打敷渡殿上人令敷也、高坏六本相添持参、汁物也、窪坏ノ中ニ平盤取返シ被置、次御箸御前方白木著、御取御飯之前被立之、次酒盞持参平盤共ニ殿上人ニ渡、居ゟ取テ御前ニ進置之、御銚子片口持参、三献供之、御銚子返給時諸大夫取之退、次ニ酒盞取之退、殿上人起座、宮御入被遊、初従曹司被出、折敷高坏不撤之
此前加冠座撤、布衣大学頭勤役之、貞玄承之
一、御元服間垂簾六本御前物不撤置之、公卿座曹

書陵部（三一号）

司依御殿狭敷畳、
一、宣旨大外記持参寄附間ニ有之、豊前守出受取之退、宣旨饌ニ二階ニ置、禄白銀十両空筥ニ入渡返、同間ニ而被下、副使百足被下、寄附間ニ而赤飯御酒被下、
一、勅使中山宰相春宮使高野三位伺公之節御車寄へ諸大夫出向、寄附間へ奉行家司出向、寝殿廣縁御肝煎両人被出向、公卿之間ニ儲、於御書院上間御対面直ニ御返答被仰上、御頂戴之義無之、公卿之間ニ而雑煮御吸物御酒出、

書陵部（三一号）

及数献退出、尤諸大夫送出
一、加冠之献式有三献、雖催置御早出
御陪膳高辻四位侍従被定置
一、御饗應出陪膳狩衣布衣
京極様御一方也、大膳大夫御陪膳
次間ニて公卿殿上人三方足打
御出門跡少ゝ公家衆御残御酒謡等有
一、未刻御出門
（行列次第略）
一、御参所ゝ

禁裏様御玄関一間斗置御下輿、御門取次警固
与力同心有之、無挨拶御出迎衆中、醍醐大納言、
梅小路中納言、外山宰相、同左衛門権佐、伏原三
位（以下十名略）
一、還御之節於御假殿式有供進、御内調進、以女房
奉書御沙汰内ゝ供之
一、御任官ニ付上卿職事ヘ御付届之事、京極様無
御音物、伏見様無書付無之由、定而被遣と之由
故、一品宮無御例依之、此度上卿職事ヘ御祝義
物無之

一、六本御前物高橋采女正調進
一、御着掛鶴ハ此方三日夜餅之具ヲ用、亀御着
一、打敷采女正如形調置ヲ用、亀甲萌木地紋ニ
陪織白紋若松丸裏紫三幅長五尺四方トチ
組有
一、平盤采女正所持用
右御下行三石五斗、以入魂ニ石五斗渡之、為嘉
儀百疋小高十帖被下
一、加冠御献式有三献ハ以調料采女正調進
一、折櫃物先例雖有之、此度伏見宮依御例被略
之
一、役送先御冠櫛笥中将、二唐匣梅小路左兵衛佐
三泔坏沢修理大夫、四圓座成宗
十六日、天晴
一、御加冠左府様ヘ御使豊前守長上下
御太刀金馬代五荷、柳五種、昆布、干鯛、鰑、鮒十、雉弐
御吸物御酒儲有及数献、御目録弐百疋被下、無御
封面

有栖川宮家歴代親王元服関係

寛永度
大宰帥正仁親王元服次第

御元服次第

御殿御装束

寝殿南面四ヶ間奥端并東西垂御簾端二三間巻之副西御簾立廻四尺御屏風副奥御簾敷繧繝端畳二枚東西行其上敷唐錦茵為親王御座南面副端御簾敷高麗端畳一枚大文北行南加錦茵為加冠大臣座西南以同殿北方為御休所東方敷大文畳二帖南北行為御座西面其前置御硯筥脇息等北硯南脇息御座東北二方立廻五尺屏風副北屏風立二階二脚東西行東厨子上階置御冠筥西厨子上階置唐匣泔器等以東為上東北方副西長押敷小文畳一枚東西行為扶持公卿座南面兼置御調度等

御冠放巾子居柳筥置御座左

次唐匣三重有臺置御座右

納物第一御本結三筋第二筝刀髪掻櫛二枚第三櫛巾一帖檀紙二枚

次泔器有臺撤蓋入水置唐匣南

菅円座一枚敷御座前為理髪座

玄33

刻限加冠参入候上達部座

諸卿同参候

親王令出簾中給御直衣

扶持公卿参御休所内々褰御簾

次加冠参入着座奉行人告御出之由

次理髪人依召加冠令奉行人召之参仕依加冠気色進着御前円座

次理髪

其儀如常入御巾子退候

次加冠着円座理髪座

加冠乎復座

次理髪人更参進理御髪乎整入御調度等退

次親王令帰入休廬給

次加冠起座

次撤理髪雑具

次於御休廬令改御冠并御直衣等給

次供御前物

御臺六本有打敷

平盤二枚汁物御酒盞御銚子片口

陪膳殿上四位

役送 諸大夫五位
御前物供畢不撤之
加冠 九條左大臣輔實公
理髪 万里小路頭辨尚房朝臣
着座 園大納言基勝卿
久我中納言惟通卿
滋野井宰相公澄卿
役送殿上人
櫛司中將隆成朝臣
梅小路左兵衛佐定代
澤脩理權大夫忠量
奉行家司
外山左衛門權佐光和朝臣
陪膳殿上人
池尻左兵衛權佐共條
加冠陪膳殿上人
高辻少納言總長
寶永五年十二月十五日

〔正仁親王太宰帥任官宣旨〕 ○高松宮家蔵
無品正仁親王
正二位行權大納言兼中宮大夫源朝臣通誠
宣奉勅件親王宜令任
太宰帥者
寶永五年十二月十五日大外記兼掃部頭中原朝臣師庸 奉

〔院中番衆所日記〕
寶永五年十二月九日、晴陰、有栖川殿依近日元服
参入、於御内儀御對面、
十五日、無品正仁親王今日元服、被任太宰帥、仍参
入、直衣、紅單、下絬、即討出御、御烏帽子、御直衣、御劔、益通朝臣、有御
對面、申次藤谷前中納言、次賜御盃、一獻、御昆布、御蚫、御陪
膳久世三位、御手長氏敦、役送上北面重綱宿祢、事
終先退入、更依召参進、御對面、畢退出、

〔有栖川宮系譜〕
正仁親王　東山帝御猶子
（寶永五年十二月）
同年同月十五日、於中宮御所御元服　十五歳
同日任大宰帥、加冠左大臣輔實公、理髪頭右大辨尚彦朝臣、

寶永六年正月七日
仙洞靈元ノ和歌御會始ノ御人數ニ加ヘラル、仍リテ十一日、假仙洞御所一條兼香邸ニ參入シ、和歌詠草ニ上皇ノ御添削ヲ賜ハル、尋イデ十三日、假仙洞御所ニ參入、和歌御會始ニ列ス、

〔有栖川宮日記〕○高松宮家蔵
寶永六年正月六日　戊寅　天晴
一、仙洞様ゟ梅小路中納言殿承にて召ニ来、木工頭伺公、梅小路中納言殿御逢候而御内意也、来十三日御會始之御人數ニ可被召加之由、尚明日御可被出候由也、罷歸り申上ル、重而梅小路殿へ右之通被聞召之由申参、御使山本木工頭、
七日　己卯　天晴
一、仙洞様ゟ辰剋為御使藤谷三位殿御出、来十三日御會始御人數ニ可被召加之由也、畏思召之由御請也、
一、仙洞様へ右為御礼御使山本木工頭
一、仙洞様ゟ御文使被進、
女房之御奉書留
（○女房奉書略）
一、御題　春雪似花
一、梅小路中納言殿藤谷中納言殿同三位殿江御人數ニ被召加辱思召之由之御使也、御使山本木工頭
十三日　乙酉　天晴
一、仙洞様御會始御出座、酉剋御烏帽子直衣御單

編修課

平鞘御太刀横目絹二陪織御指貫御供諸大夫
布直垂山本木工頭藤木右近将監布衣両人青
侍四人御傘御沓白張戌中剋還御御参前ニ御
吸物出ル
十四日丙戌天晴
一梅小路中納言殿へ御使昨夜御會始ニ始而御
出座被遊ニ付今日御肴被献可然哉ニ付被仰
奉御返事御尤之由也御使山本木工頭

〔有栖川宮家司日記〕○高松宮家蔵
宝永六年正月七日天晴
一仙洞様ゟ以女房奉書来十三日御會始之御哥
題被進
春雪似花
（女房奉書略）
十一日天晴曇
一御詠草為御窺仙洞様へ未下剋御成御着用御
衣冠兼而依御内意御對面御献有御詠草直ニ
御添削有之夫ゟ中宮様へ御成申下剋還御中
宮様ニて御酒等被下
十三日天晴
一仙洞様御會始ニ付酉剋御出座御烏帽子直衣
御単御指貫二陪織御下召紅梅練御襪御横目
扇平鞘御太刀腰輿ニ召御灯燈五（供奉略）夕飯侍
以上焼物煮物御酒御出門前御吸物一献上ル
御留主 祝之御懐紙従御車寄御随身戌中剋
還御也
十四日天晴
一仙洞様へ昨晩者御會始御首尾能御悦帥宮様
御参御礼旁ゝ生鯛一折ニ被献之御使木工頭

〔院中番衆所日記〕

寶永六年正月十二日、快晴、入夜有和歌御會始、出題春雪似花、題者左衛門督、奉行藤谷三位、出御于御對面所、御烏帽子直衣紅御衣紅（御單御指貫、但女中沙汰）、御劔博亂、有披講、講讀師右大將、講師爲久朝臣、發聲東園中納言、講頌之輩前源大納言、中院前大納言（○中脱）、有披講和歌、御製、關白（不參）、左大臣（同）、右大臣（不參）、中務卿宮（同）、帥宮、

〔仙洞女房日記〕○東山御文庫本

寶永六年正月十三日、はるゝよひ御くわいはじめ有、題者れんぜい宰相、ぶぎやう藤谷三位、こうしれんぜい中將、どくし久我右大將、はつせい東その中納言、そちの宮御出座あり、

寶永六年二月十八日

後西天皇ノ二十五回御忌（二月二十二日正當）ニ當リ、泉涌寺ニ於テ法事ヲ修セシメ、參詣ス、

〔有栖川宮日記〕○高松宮家蔵

寶永六年二月十六日、丁巳、雨天、

一泉涌寺ゟ來迎院伺公、御法事書付持參、十八日夕御膳可上候間、其段可申上候由、伊予守永之御留主之内、早々退出、

就

後西院尊儀廿五回御忌、従有栖川宮御法事

寶永六年二月十八日午下刻、法花三昧

御導師　鹿溪長老

衆僧十六口

泉涌寺

已上

右之通也、
十七日戊午晴天、
一、泉涌寺へ御法事料為持遣、昨日来迎院伺公、夕
御膳等可上之由、御留主故還御之節申上、念入
之儀思召候由申遣、御使津田左左衛門
御法事料米五石・料銀三百五拾目也、
十八日、己未雨天、
一、巳半剋泉涌寺へ御成、御小直衣・御指貫、御先四
人、御輿脇両人、諸大夫布直垂矢嶋豊前守、先達
而藤木右近・持監伺公、布直垂、泉涌寺ニて[illegible]御膳被召上、[illegible]

大〻曇花〉様へ御成、申半剋還御、
廿一日、壬戌天晴、
一、般舟院へ後西院御法事有之ニ付、御贈経并御
香奠等被備之、御使布直垂矢嶋伊豫守

（有栖川宮家司日記）○高松宮家蔵
宝永六年二月八日、天晴
一、中宮様へ御使豊前守、
来廿二日後西院様廿五回忌ニ付、於泉涌寺
此御所ゟ之御法事有之度候、御所〻御時宜
如何可有御座哉御相談被仰進之処、御尤之
由也、御所之儀不苦事と思召候間、先宮様御
通ニ被遊可然之由也、新宰相殿御取次、
十六日、少雨、
一、泉涌寺ゟ来迎院伺公、御法事書付持参、十八日

御夕方可上之由被申置、伊与守承之、
就〉後西院尊儀廿五回御忌、従有栖川宮
御法事、
寳永六年二月十八日午下剋
法華三昧、
御導師　虎渓長老
衆僧十六口
已上　泉涌寺
右如此
十八日、雨天

一巳剋泉涌寺へ御成、御小直衣御指貫（〇本略ス）

御先御贈経　八巻経表紙紺内金銀砂子　大高包札有栖川宮御臣檜

御香奠三百疋御使右近将監　布直垂

桑原三位殿御先へ御参、御相伴ニて御膳出、二汁七菜御菓子、御茶御菓子、侍以上右同前ニ非時出下々不残一汁三菜中

□宜分也、

未中剋還御、其序曇花院様へ御成、申下剋還御、

淑宮様ゟ今日御贈経御使内記直ニ退出、

寶永六年二月二十五日

禁裏東山ヨリ和歌御會始ノ御題ヲ賜ヒ、詠進スベキ旨仰出サル、仍リテ三月五日、假仙洞御所一條兼香邸ニ参入シ、和歌詠草ニ上皇霊元ノ御添削ヲ賜ハリ、七日、假皇居近衛家熙邸ニ参入シテ御會始ニ列ス、

編修課

〔有栖川宮日記〕〇高松宮家蔵

寶永六年二月廿五日　丙寅　天晴

一禁裏様ゟ御會始之御哥題参、女房奉書

らい月七日御くわいはしめの御哥のたいまいらせられ候、御詠進あそはし候やうに申候へく候、かしく、

誰にてもの

御局へまいらせ候

鶴有遐齢

三月七日

御請文　片表の御ちらし

来月七日御會始の御哥の題御詠進候へのよしかしこまりまいらせられ候このよし御心得候て披露候やうに心得候て申候へく候、かしく、

句當内侍とのへ

御局へまいる申給へ

三月七日　戊寅　天晴

一禁裏御會始、酉剋御参、戌半剋還御

御装束、御下召黒紅梅、御単御直衣、御指貫（此義御所へ被窺）二陪織、御下袴白、御襪横目、扇平鞘、御太刀令持

御懐紙御車寄ゟ御随身
召供諸大夫二人布直垂布衣二人御朱傘白張持御沓
青侍三人被着腰輿、
御出門前御吸物御酒、

〔有栖川宮家司日記〕○高松宮家蔵
宝永六年正月十四日、天晴、
一、中宮様へ参、御使之御返事并貞玄御目録頂戴
御礼、且又上様御會始ニ御参之義頼被進故、ハ
帥宮御事御哥未御未熟候へ共此度仙洞様
御會始ニ御詠進忝思召候、左候へハ来廿四
日上様御會始ニも日出度御召被成御詠進
被成度候、併帥宮者御扣御座候、何とそ宜御
沙汰候て御詠進成候ハヽ御願之由従中宮
様被仰事御頼被遊候由申入、右之義帥宮ニ

書陵部（三号）

者御哥被遊むとて御人数ニ被為入度と申
事如何御扣被遊是も御尤なから御猶子ニて
上様御會始ニ御出座無之時者未々之存寄
中宮様之思召隔も有之哉、仙洞様へ斗如此
申事如何、其上昨晩早御會始ニも御出被遊候へ
ハ今明之内御願ニて候、御所和シテ相見へ
申附今晩参申上、坂田取次ニて御沙汰之処
御尤之由也、
三月五日、天晴、
一、御會始御詠草為御窺未剋仙洞様へ御成、御直衣御小

書陵部（三号）

御指貫、申中剋還御、
七日、天晴、
一、万里小路頭辨殿へ今晩御會始ニ御参候間御
参候ハヽ諸事御頼被成度由、并御着用召供中院
殿へも被談候へ共弥御草召供も此通ニ被成
候由御相談、御使勒負、
一、禁裏御會始鶴有遐齢、此間天満宮并七観音院
御代参、
（中略）
酉剋過御出門前ニ御吸物、御酒、御内者被下、御

書陵部（三号）

戊戌中剋還御
万里小路頭辨殿清水谷中将殿清閑寺辨殿御
出合也、

〔禁裏番衆所日記〕
寶永六年三月七日、戊寅、陰晴、和歌御會始也、去正月廿四日御延引、戌剋出御于清涼殿代、先是於御学問所代
着御々服、前藤中納言御前永房朝臣奉仕之、御裾
光宗、御鋺役宗、題云、鶴有遐齢、讀師右大将、講師尚
長朝臣、發声前源大納言、講頌中院前大納言、（略。中）
今度関白中務卿宮帥宮前内大臣讀師講師發聲
講頌題者奉行等之懐紙被披講之、今度親王丞相之輩帥宮之外
不参、初関白、中務卿宮、前内大臣、左大将、武者小路前宰相雖為不参被講之畢、題者飛鳥
井中納言、今度雖為不参被披講之、奉行園大納言、

寶永六年三月八日
生田英全ヲ召シ、孟子盡心章ノ講釋ヲ聽聞ス、八
月三日ニ至リ、孟子講釋ヲ完了ス、

編修課

〔有栖川宮日記〕○高松宮家蔵
寶永六年三月八日、己卯、晴天、
一、孟子御講談、生田英全伺公、
十三日、甲申、晴天、
一、孟子御講談、生田英詮伺公、
四月十八日、己未、快晴、
一、孟子御講談、生田英全伺公、
廿三日、甲子、天陰、
一、孟子御講談、生田英全伺公、
五月十八日、戊子、雨天、

一孟子御講談生田英全参上
廿三日癸巳晴天
一孟子御講釋生田英全伺公
廿八日戊戌雨天
一孟子御講生田英全参上
六月三日壬寅曇天
一孟子御講尺生田英詮伺公
八日丁未快晴
一孟子御講尺生田英全伺公
十三日壬子天晴

一孟子御講談生田英全参上
廿三日壬戌天晴
一孟子御講談生田英全参上

〔有栖川宮家司日記〕○高松宮家蔵
宝永六年三月八日、天晴
一、孟子盡心御講讀、生田英全當年初而伺公、被講之、
廿三日、天晴
一、孟子御講讀生田英全伺公、
廿八日、晴天、
一、孟子御講讀生田英全伺公
四月三日、天曇
一、孟子御講讀生田英全伺公、
八日、少雨、

一、孟子御講讀英全伺公、
七月八日、天晴、
一、孟子御講尺英全伺公中元御満故御酒被下、
廿三日、天晴、
一、孟子御講尺生田英全伺公、
廿八日、天晴、
一、孟子御講尺生田英全
八月三日、天晴、
一、孟子御講尺生田英全今日孟子済、於御次御酒
被下、

寛永六年四月三日
禁裏東山ヨリ月次和歌御會ノ御題ヲ賜ハル、仍リテ二十一日、假仙洞御所一條兼香邸ニ詠草ヲ持參シテ上皇靈元ノ御添削ヲ乞ヒ、二十三日、詠歌ヲ奉行ニ差出ス、

〔有栖川宮家司日記〕○高松宮家蔵
寛永六年四月三日天晴曇
一禁裏様ゟ来廿四日御月次御哥題二首参、女房奉書
如例御請文尤如舊例
廿一日天曇
一仙洞様ヘ未下刻御詠草被窺、夫ゟ中宮様ヘ御
成、申下刻還御
廿二日天陰
一為仙洞使桑原殿御出、（略）中御月次御詠草御添
削被進、御酒出
一仙洞様評定衆迄御添削之御禮使木工頭
廿三日天晴
一禁裏様御月次御短尺日野中納言殿奉行ヘ為持被
遣、御使甚左衛門

寛永六年六月十六日
月見ノ祝儀ヲ行フ、

〔有栖川宮日記〕○高松宮家蔵
宝永六年六月十六日乙卯天晴
一、従禁中様女房以奉書御月見御祝儀被進、
（奉書略）
一、禁中様へ御月見御祝儀被進、御禮使被上、御使
矢嶋伊与守、
一、禁裏様江御月見御祝儀被進、御禮旁々生鯛壹
折ニ被上、御使山本木工頭
一、仙洞様へ今日御月見御祝儀御拝領御禮使山
本木工頭、

寶永六年六月十八日
中宮假御所（有栖川宮邸）ニ赴キ、二品宣下ヲ蒙リ、位記ヲ披見ス、尋イデ御禮ノ爲假皇居（近衛家熙邸）ニ參內、東山更ニ假仙洞御所（一條兼香邸）其ノ他ニ參入ノ後假邸（相國寺内瑞春庵）ニ還ル、

一、今日御月見ニ付御祝儀御到来、御使方有別記、

〔有栖川宮日記〕○高松宮家蔵
宝永六年六月十五日甲寅天晴
一、万里小路頭弁殿ゟ諸大夫可参由申来処、則山
本木工頭参處被申渡候ハ、今日参内仕処明後
十七日兼而依御願二品消息宣下可被仰出由
也、以御使可申上処殊外御用唯今も罷出候間呼請
申入候、猶御礼使長橋殿へ可被仰入与存候
由也、右承罷帰申上、
十六日乙卯天晴
一、頭弁殿ゟ御使、明日二品宣下之儀御延引、明後

十八日巳刻ゟ被仰出候ニ付御内意申入〻候
十八日丁巳天晴
一禁裏様江今日二品宣下ニ付女房以奉書御祝
儀被献有別記
（奉書。略）
一今日御叙品御祝儀御到来御遣方有別記
一今日於中宮御殿位記御披見勅使東宮使為被
請之辰下刻御成
一巳刻斗桑原三位殿清水谷中将殿高倉右衛門
佐殿・外山左衛門権佐殿為勅使御取持御参

一巳刻万里小路頭弁殿ゟ諸大夫可参御用之儀
有之由申参山本木工頭参上仕處今日巳刻二
品宣下有之位記相調候間進上仕候尤持参可
仕之處殊之外御用取込只今退出仕候處又召
ニ参進付参内仕候ニ付密〻被指上候由ニ而則
位記御渡右之趣於中宮御殿申入則位記有御
披見
一巳半刻斗勅使柳原侍従殿東宮使土御門兵部
少輔殿御参向御廣間於中門御對面御目録紗
綾十巻御樽一荷二種被進御口上早直御返答

被仰上東宮使右同断紗綾五巻御樽一荷二種
御目録直。被上御口上早直ニ御返答有之次
門へ退出宮御入次ニ勅使東宮使御吸物御酒
等出ル桑原三位殿清水谷中将殿高倉右衛門
佐殿外山左衛門権佐殿御取持ニ而御祝儀之事
有之退出
一御衣紋高倉右衛門佐殿御出門前於中宮様御前
式有御盃有之由也
一午刻御参内行列
（行列。略）

先御参内夫ゟ東宮様大准后様仙洞様女院様
中宮様へ御参未下刻斗相国寺御假殿江還御
一今日御祝儀為御馳走筒井三郎兵衛曽我勘兵
衛小鼓打高橋六左衛門大鼓中矢五左衛門参
上御囃被仰付

〔有栖川宮家司日記〕○高松宮家蔵
宝永六年六月十八日、天晴、
一、辰中剋内侍所へ被献、
生鯛一折ニ、金子二百疋目録臺ニ而御使半
右衛門
一、巳中剋中宮様へ御成前當日御祝義使被献、
禁裏様へ御太刀銀馬代、昆布一折十ハ、干鯛
一折十枚、塩雁一羽、大樽一荷被献、
女房奉書長橋殿御座ニ付少将内侍殿へ中高二枚裏返して散書、
（○女房奉書略）

仙洞様へ昆布一折、干鯛一折、大樽一荷、春宮
様右同、　右御使伊与守布直垂
中宮様昆布一折十、干鯛一折十枚、塩广壱羽、
柳樽一荷強飯荷桶一荷　御使備前守布直垂
女院様昆布一折、干鯛一折、柳樽一荷、大准后
様右同、　右御使伊与守、
（○進物以下略）
一、巳中剋過桑原三位殿・高倉右衛門権佐殿・外山
左衛門権佐殿・清水谷中将殿・清閑寺弁殿御出
清閑寺殿ハ依御用御断、残四人御詰合也、

一、巳中剋勅使柳原侍従殿御出、御進物御待合未
申上、
一、巳下剋過春宮使土御門兵部大輔殿御出
添使御進物御目録持参、
御進物御目録ハ御使持被出、御進物ハ御
臺所ニて定衛門受取、
禁裏様へ
紗綾拾巻、昆布一箱、干鯛一箱、大樽一荷
春宮様へ
紗綾五巻、昆布一箱干鯛一箱大樽一荷、
添使御酒被下、御吸物御肴、御引翌日百

足宛被下、
一、御対面之儀、此時勅使春宮使殿上、引退居御直
衣御着用、御廣間二之間上段障子切ニ立北東ニ御座、堂
上一両輩被出、勅使御目録持参、先一礼シテ以
御気色進御前御口上被申、御目録被差出、御取
御戴之、有御気色御披覧ニ此時勅使下間ニ退居被申、依御気
色進御前御返答有無、御口祝御盃も無之、是様
と可有之由、以御挨拶殿上ニ退、殿上人衣冠御目録取入諸大夫布直
垂ニ而有之、春宮使右同断、
次宮御入

次勅使春宮使左右ニ有、従中宮御祝御酒給、両人斗御吸物平折敷、上下ニ而、陪膳中宮侍分相勤、土器、肴たこ、氷蒟蒻、重箱焼いか、焚麸、鉢有平螺塩さし、取次長門守、中務忠上下ニ而出、備前守、木工頭、右近将監、布直垂、右御酒之内中宮様被仰出、冨小路殿新宰相被出、御挨拶有、其以後御酒納各御退出、於禁裏御出向之筈也、

一、御成前中宮様へ御使備前守へ百疋（後日被下）

一、位記御披見、御礼御参前式肴一献御盃有、

一、御衣紋高倉右衛門権佐殿、御直衣、御単、二陪織御指貫、御ひんぶく、檜扇、長餝御襪、御太刀、

腰輿

召供諸大夫布直垂（枝成、久恒、）布衣（采女、主馬）青侍五人御沓傘白張雨皮退紅、

午剋禁裏様、春宮様、大准后様、仙洞様、女院様、中宮様御休息、其後還御、

一、未中剋還御、野宮殿御参、御待合夕御料理、御酒等出、及暮御帰、

一、酉剋伏長老、久我中納言殿、伏原三位殿、桑原三位殿、中院大納言殿御出、御盃臺、御吸物、御酒出、御謡小大鞁等有、

（○諸番組略）

右御好次第ニ有之、戌剋過御夜食一汁五菜、御濃茶、御酒数献御盃有、亥剋過御酒納各一度御退出、役者筒井三郎兵衛、曽我勘兵衛、村井利兵衛、小鞁高橋六左衛門、大鞁中矢五左衛門退出、於御次御出入御内寄御酒数献祝子剋済、

（禁裏番衆所日記）

寶永六年六月十八日丁巳晴

一無品正仁親王有栖川被叙二品、消息宣下也、公卿源中納言、奉行職事尚房朝臣、為御祝儀紗綾十巻三種二荷被遣之、御使資廉、

正仁親王二品宣下位記 ○[illegible]

無品正仁親王

右可二品

中務長倚帝畿早潤天恩

奕葉方昌繁華尤渥宜申

栄級式輝親光可依前件

主者施行

寶永六年六月十八日

二品行中務卿邦永親王宣

従四位下行中務大輔臣藤原朝臣徳光奉

○紙面ニ天皇御璽三顆ヲ捺ス

従五位下守中務少輔兼行少内記臣中原朝臣職永行

従二位行権大納言臣　隆賀

従二位行権大納言臣　基勝

従二位行権大納言臣　公全

従二位行権大納言兼左近衛大将春宮大夫臣　家久

従二位行権大納言臣　致季

従二位行権大納言兼中宮大夫臣　経音

従二位行権大納言兼春宮権大夫臣　照尹

従二位行権大納言兼右近衛大将臣　師孝

従二位行権大納言臣　吉忠

従二位行権大納言臣　兼香

従二位行権中納言臣　共方

従二位行権中納言臣　為経

従二位行権中納言臣　雅豊

従二位行権中納言臣　公統

従二位行権中納言臣　俊清

従二位行権中納言臣　惟通

正三位行権中納言臣　基長

正三位行権中納言臣　隆長

正三位行権中納言臣　輝光

権中納言従三位臣公充等言

制書如右請奉

制附外施行謹言

寶永六年六月十八日

制可

月日辰時従四位下行大外記兼掃部頭造酒正助教中原朝臣師英

左中辨尚長

関白従一位朝臣

太政大臣　闕

○史料中の御璽の印影は朱の枠線。

左大臣正二位朝臣
右大臣正二位朝臣
内大臣正二位朝臣
式部卿　闕
正二位行式部大輔長詮
参議従三位行左大弁兼廉
告二品行大宰帥正仁親王奉
制書如右符到奉行
正五位下行式部少輔

大録
少録
少録
寳永六年六月十八日

寳永六年七月二日
去月二十一日、天皇東山、皇太子慶仁親王中御門ニ譲位、是ノ日、新造ノ新院御所ニ移徙アラセラレ、皇后幸子女王亦、同所ニ移徙セラル、仍リテ先ヅ中宮假御所有栖川宮邸ニ赴キ、皇后御出門ノ後、仙洞靈元其ノ他ニ参入シテ祝詞ヲ言上ス、尋イデ一旦假邸相國寺内瑞春庵ニ還リタル後、更メテ本邸ニ移徙ス、

有栖川宮日記○高松宮家蔵
宝永六年六月七日、丙午、晴、町口越中守伺公、去年
親王様御假殿之節従関東白銀被進候様子、且又
當月中宮様御移徙已後此御所ニも早速還御可
被遊候哉、其御日限も承度存候間、書付早ク可越
旨被申聞、退出、右之通書付遣ス、留
（中略。）
一、有栖川殿御本殿へ御移之儀
中宮様御移徙已後、其間も御座候ハヽ、御
同日ニても還御被遊度由ニ御座候、以上

書陵部（三号）

編修課

右之通認遣

廿八日丁卯天晴

一御本殿北御蔵江従今日御道具入有別記

（有栖川宮家司日記）○高松宮家蔵

宝永六年七月二日、天晴曇、

一今日新院様・中宮様新御殿御移徙、新院様辰剋御出門、御移徙済、中宮様御移徙也、

一今日御移徙ニ付中宮様へ卯中剋御成、御直衣、二陪織御指貫、召供諸大夫枝久布衣直重、二人、采女隼人、御沓笠持白帳無之、御板輿、其外如常、中宮様御出門已後、御移徙為御祝義仙洞様・新院様・女院様・中宮様・禁裏様・大准后様へ御成、召供右同断、

相國寺御假殿へ還御、

一今朝早天山口安房守・曽根能登守へ今日中宮様御移徙之後有栖川殿ニも御本殿へ還御ニ候、為御案内被申遣由也、御使定衛門、

一今日御祝義使御移徙已後其侭

新院様へ御小机 蒔絵調面飾 一脚 脚御紋付

鰑一箱 御樽一荷 付札堅目録

中宮様へ御硯箱 桑木地蒔絵調面飾 内村梨地 小道具御物数寄有 箱入浅木帛

錫大竹花入 菊萩堀物

鰑一箱

右御使伊予守 布直垂

一御本殿未剋過中務忠ゟ申来、貞玄参、掃除其侭、子其侭表替無畳替障料重而被進、錠鎰被渡候、裏門・穴門・武家衆封切可被申由中務へ申、井脇内匠・川添玄蕃同道切取被申則持参也、

申剋御本殿ニ御移、此時笠不入㮣也、御供枝久、采女・隼人常躰也、

一中宮様御使中務忠、此度御假殿之御礼御祝義

ニ 白銀弐拾枚・昆布一箱・干鯛一箱・大樽一荷

御封面御口祝被下退出、
一、大准后様ゟ先剋御成御礼御移之御悦之由塩
雁壱羽被進、后剋御礼使伊与守、
一、高野殿庭田殿へ御使定衛門、
口上書
有栖川宮唯今御本殿へ御移被遊候為御届
如此ニ御座候、以上、
七月二日、　有栖川宮御内　藤木右馬権頭
矢嶋備前守
庭田前大納言様御内　儀我主殿殿

久田弾正殿
高野前大納言様御内　渡辺伊織殿
津田主税殿
松平紀伊守殿へ御付届之事被相尋之処、及
晩景ノ此書付参届見も候間明朝御使被遣
可然之由也、
一、山口安房守曽根能登守へ唯今御本殿へ還御
之由申遣、御使定衛門、
一、相國寺御假殿仕廻申下剋右馬権頭中川大学、
戸田織部、美濃部九郎左衛門在之伏長老へ申

遣高首座被来則相渡帰御成后ハ西木戸ニ〆
東方ゟ有出入、
一、伏長老へ御使靭負、此度御假殿御礼、
白銀三拾枚　付臺常是三包
干蕨一箱、
柳樽一荷　上酒壹斗
右御留主ニて申置、
九日、天晴、
一、中宮様ゟ御假殿之疊表替代被進、
中備後表百五拾枚代七百七拾八匁五分

絹赤縁二重縁百五十帖代
弐貫三百拾八匁七分、三り五も
二口合銀三貫九拾七匁弐分三り五も
右之御銀山口中務忠持参御疊替料各迄相
渡候由也、仍而請取遣ス度御使ニ而無之間
御礼等ニ不及之由也、
覚
銀三貫九拾七匁弐分三り五も
右者従中宮様御假殿之疊百五十帖
表替之為料被進請取申所如件、

丑七月九日
取次衆三人
大嶋備前守
〔院中番衆所日記〕
寶永六年六月廿一日、庚申、晴、御讓位節會畢、被遷
易假殿、新帝遷御於南御所、假殿、皇居、新院遷御於北御
所、新帝為東宮時御假殿、
七月二日、雨下、今日新院御殿造畢、御移徙也、依之
被進御祝儀、
（略。）
中宮同御移徙也、被進御祝儀、
〔基長卿記〕
寶永六年七月三日、晴、昨日新院・中宮等御移徙、
寶永六年八月二日
三輪希賢號執齋稱善藏通ヲ召シ、小學ノ講釋ヲ聽聞ス、

（有栖川宮家司日記）○高松宮家蔵
宝永六年八月二日、天晴、
一、三輪善蔵伺公、小學又御講讀、夕飯時分ニて振
廻也、
廿二日、雨天、
一、三輪善蔵伺公、小学御講讀廿一日、
廿八日、少雨、
一、小學御講讀三輪善蔵伺公、夕飯被給退出、
九月三日、天曇或晴、
一、小学御講讀三輪善蔵伺公、申刻、

十一日、天晴、
一、小學御講讀三輪善蔵伺公、
廿七日、雨天、
一、小學御講讀三輪善蔵伺公、
卅日、天晴、
一、小學御講讀三輪善蔵伺公、
十月五日、天晴、
一、三輪善蔵伺公、小學御講讀、
九日、天晴曇、
一、三輪善蔵伺公、小學御講讀、

十四日、雨天、
一、小学御講讀三輪善蔵伺公、
十七日、天晴曇、
一、小学御講讀三輪善蔵伺公、
廿一日、天曇晴、
一、小學御講讀三輪善蔵伺公、
十一月三日、天晴、
一、三輪善蔵伺公、小學御講讀、
五日、天晴曇、
一、三輪善蔵小学御講讀、

（有栖川宮家司日記）○高松宮家蔵
宝永七年十月四日、天晴、
一、小學御講尺三輪善蔵、已後四九ニ伺公可仕之
由、
十一月十九日、天晴曇、
一、小学御講讀三輪善蔵、
廿四日、雨、
一、小學御講讀善蔵、御結納御祝義　有上ル故弐
百疋被下、
十二月四日、天晴、

一、小學御講讀善蔵、
九日、天晴曇、
一、小學御講讀善蔵伺公、
十九日、天晴、
一、小學御講尺善蔵、

寶永六年八月十三日
生田英全ヲ召シ、三體詩ノ講讀ヲ始ム、

編修課

（有栖川宮家司日記）○高松宮家蔵
宝永六年八月十三日天晴曇
一、三躰詩御講讀始生田英全伺公、
十七日、雨天、
一、三躰詩御講尺生田英全、親康恕安承ニ参、
廿三日、天曇、
一、三躰詩御講讀生田英全、
廿八日、少雨、
一、三躰詩御講讀生田英全伺公、
九月三日、天曇或晴、
一、三躰詩御講尺生田英全、

八日、天晴、
一、三躰詩御講尺英全伺公、
十四日、天晴、
一、三躰詩御講尺英全伺公、
十八日、天晴、
一、三躰詩御講讀英全伺公、
廿三日、天晴曇、
一、三躰詩英全伺公、御講尺

書陵部（三号）

寛永六年八月二十三日

新院御所(東山)ニ参入シ、和歌御會始ニ列ス、是ノ日、初メテ烏襷ノ指貫ヲ著シ、檜扇ヲ用フ、

〔有栖川宮家司日記〕○高松宮家蔵

寛永六年八月十七日、雨天、

一、万里小路頭弁殿へ御使御相談

一、烏襷當年中御着用可有之由先日御内談之處、思召候へハ摂政様被仰候事ニ候ハヽ御内證ゟ被傳候ニ年内無御着用無之も不被用様ニ御座候、其上十六歳ゟ之御着用ニ連綿候へハ来廿三日新院様御會始ニ御参之節摂政様可為御出座候左候ハヽ御見合も如何ニ候、単も被着候表向ニ候へハ廿三日ニ烏襷着用可被遊哉ノ覧と仰ニ候由申入處承被届候成程左様も能可有御座候猶左候(様ニ)ハヽ中院年内可召之由被申事ニ候間其旨一應被仰聞可然と存候由也、

其内大納言殿御逢御物語之序頭弁へハ如何様之義ニ哉之由御申ニ付右之通申候へハ先日承候年内共存候へ共成程十六ゟ烏襷着用之事ニ候へハ此節御待被着と相見可申其上二品ニも被為成候へハ弥以左様可然存之由也、

一、御檜扇之事長飾御持被遊可然之由也、

一、御ひんふく壽所御眉之間者被遊可然候御會始ニ者被遊候(可然)遷幸ニも可被遊(哉)と申處是ハ御役義ニ御出と申事ニも無之間御ひんふくに及申間敷由也、

〈

廿三日天曇

一、新院様御會始酉剋御参、御灯燈

御装束御烏帽子直衣夏御單 御貸フク有

○御指貫烏襷平絹御檜扇長飾御内刀

今日初而被改二陪織如此、此義頭弁

殿御相談其上中宮様へ被仰上、新院

様へ被窺候而此度御會始ニ烏襷御

着用御尤之由ニ付如此御檜扇も今

日初而也、

御懐紙御随身腰輿

（○奉伏略）

亥剋還御御祝之事、

書陵部（三号）

〔基長卿記〕

寶永六年八月廿三日、晴陰相交、雨時々、今夜新院

和哥御會始也、（○中略）出御如例、右大臣・太宰帥宮・内

大臣等参入、讀師權大納言隆賀直衣単、講師頭弁尚房

朝臣束帶、發声中院前大納言通躬直衣単、予鷲尾

中納言・日野中納言・宰相中將・風早三位・久世三位

藤谷三位等為講頌、發声哥鷲尾黄門出之、摂政哥

讀上了、尚房朝臣退入、次權大納言取揃、臣下懐紙

置傳静退座、候可起座如何、次右大臣起座進寄御

前給、御懐紙着文臺左方、先召講師中山宰相中將

兼親直衣單参進、次披御懐紙被置文臺上如常、相公

羽林講了、起座、發聲中院前大納言、七反了、講頌輩

自下﨟退入、帥宮大宰ノ帥ノ宮ト讀之、

書陵部（三号）

寶永六年九月二十一日

繪師狩野洞雲・同元仙ヲ召シ、襖繪ヲ描カシム、

〔有栖川宮家司日記〕○高松宮家蔵

宝永六年九月廿一日、天晴、

一、繪師狩野洞雲、同元仙弟子召連伺公、伏長老兼而被仰入御契約ニ付今日被召連辰下剋伺公、於御書院御對面、御繪被仰付、御繪(烏)帽子御袴、唐紙十九枚襖障子八枚書之、午申剋夕料理一汁五菜御茶御菓子被下、繪仕依斷町人二人申付素元相伴於御廣間被下、直ニ御暇申未剋退出、右剋右之繪并御襖名印并上襖繪可書上之由ニ付為持遣御使定右衛門、

寶永六年十月十六日

中院通茂・同通躬ヲ招請シ、新古今和歌集及ビ詠歌大概序等ノ講釋ヲ聽聞ス、

〔有栖川宮家司日記〕○高松宮家蔵

宝永六年十月十六日、天晴、

一、中院前内府殿同大納言殿午剋御出申中剋御歸、兼而依御願數不圖被仰付御數也、寒中故久難居之由ニ付、新古今哥心御申述詠哥大概序有増御申入其方哥御物語、夕御料理一汁三菜御菓子濃茶出、

書陵部（三一号）

編修課

寶永六年十一月二十九日

先般有栖川宮邸ヲ中宮假御所ニ供セルニ對シ、幕府ヨリ白銀三千兩ヲ受領ス、

〔有栖川宮家司日記〕○高松宮家蔵

宝永六年十二月四日、天晴、

一、今度御假殿ニ付関東ゟ白銀被進御礼御飛札摂政様、一條様ゟ御飛札参由依申来、其通ニ申付、

今度中宮御所御假殿被用有栖川殿御亭候ニ付、白銀三千両被進、御大悦ニ思召候、依之従有栖川殿為御礼以飛札被仰入候、此旨宜令申沙汰給之旨候、恐々謹言、

十一月廿九日　野澤大膳大夫長廉

土屋相模守殿
小笠原佐渡守殿　連状
秋本但馬守殿　表書名乗
本多伯耆守殿　裏称其官
大久保加賀守殿
井上河内守殿

御文言同

間部越前守殿

今度――依之従有栖川殿御老中（為御礼）御側衆へ以飛札被仰入候間、宜頼思召候之旨候、恐々謹言、

十一月廿九日　野澤大膳大夫　判

品川豊前守殿
織田能登守殿

右弐通高家衆名當文箱雨紙包ニシテ町飛脚態仕立ニ申付、江戸や清衛門代廿五匁一札申付置、

右之案文先例之通ニ認之、参思召と申事先例無之、最前清水谷殿御好ニ付参思召と書故、此度権頭相談、先例之通御大悦ニ思召候と書改、

十二日、天曇晴、
一、公儀ゟ被進白銀之證文案小堀二右衛門へ尋
ニ遣、御使甚左衛門、
請取申銀子事
白銀三百枚
右ハ有栖川亭中宮様御假殿ニ被為用候ニ
付、従公儀被遣之、請取申所仍如件、
月日
右之通ニ候、二右衛門在へ参候、先格御座候ハ
ヽ其通ニ可被成之由ニ付、案文先格見合如此
認、
請取申銀子之事
白銀参百枚
右者有栖川殿御亭今度中宮様御假殿ニ被
用候ニ付、従公方様被進請取申所如件、
寛永六年丑十二月　有栖川殿御内
藤木右馬権頭　印
矢嶋備前守　印
小堀二右衛門殿
右證文山口安房守殿へ為持遣、御使甚左衛門、
如此承合相認候、先年者傳奏ゟ紀伊守殿へ為
持被遣候か、如何可仕哉之由申遣處、能登守殿
月番候間、可令持参由ニ付、参處、安房守へ頼置
候間、山口方へ可参之由ニて、又持参、請取被申、
廿三日、天晴、
一、小堀二右衛門へ請取案内申遣、
口状
寒冷ニ御座候得共、弥御堅固ニ御座候哉、
然者先頃関東ゟ被進候御銀請取御裏印
出来、山口安房守殿ゟ被相渡候、勝手次第
ニ可請取由ニ御座候間、御案内申入候、今
明其許御勝手次第ニ日限承、請取ニ可進
候故、如此御座候、以上、
十二月廿三日　矢嶋備前守
小堀二右衛門様
今明勝手次第之由返事来、
一、小堀二右衛門へ銀請取ニ遣、佐々木友衛門・村
井七郎兵衛并長持壱持参、二右衛門殿安田傳
衛門へ封手形渡、銀五百匁包廿五、四百匁包壹
受ノ取帰、無別條口上有、
右趣山口安房守殿へ友衛門為御使遣、今日御

銀請取参候、御念入御世話共宮ニも御満悦ニ思召候、紀伊守殿へ之義宜御心得御申傳頼思召候由也、
留主ニて重而申来、紀伊守殿へ御使可被遣由摂政様ゟ参之由也、手紙来、
廿四日、天曇晴、
一、松平紀伊守へ御使先頃従関東被進候御銀御裏印山口安房守ゟ被相渡、今日請取候間以御使被仰進候、御念入候義御満悦之由也、御使小川勘負

寶永六年十二月十三日
邸内鎮守社ノ上棟式ヲ行フ、尋イデ十六日、正遷宮式ヲ行フ、

（有栖川宮家司日記）○高松宮家蔵
宝永六年十月十日、天曇少雨、
一、鎮守社木造始、
一、早天水掛貞玄参御社自分拝、
一、御掛湯辰剋鎮守社御拝御小直衣御袴（○中略）
一、木造始ニ付御用人　長上下　大工重兵衛　長上下
（○二名以下略）
一、御備平盤八足成宗供之浄衣
飛魚、螺、餅十二、御酒一對、御盃二
一、巳剋木造始、依雨儀南御文庫下、
莚之上ニコモヲ敷、
丑寅方向 玉女神御酒餅熨斗昆布三方ニ載備之、重兵衛供之、
東ニ向木屋
先御酒供三々九度、次墨金次テウノ三々九度、
職人御酒吸物被下、玉女神之御供大工ニ被下、侍以上吸（物脱カ）御酒祝之、
鰑二連献上、大膳大夫備前守右馬権頭
十一月廿三日、天晴、

一、今日依吉日鎮守社地鎮、依之従昨夜御神事、御神拝以後御供并御頂戴、御神事被解、吉田ゟ神供、諸具幕并櫃ニ入持参、其有儀、木工頭奉行、
役人鈴鹿豊前外ニ鈴鹿伊賀、山田夕宮二人執行之後、被解神事、吸物、御酒被下、

（有栖川宮家司日記）〇高松宮家蔵
寛永六年十二月十三日、天晴、
一、今日卯上剋鎮守社御上棟、依之昨暮ゟ重軽服者退出、宮様・木工頭・備前守・靭負御神事、
卯剋水掛、貞玄、私神拝、
卯剋木工頭 狩衣 鎮守御備、
　干物・螺餅・御酒 春日・住吉・日吉・荒神
　螺餅御酒 八幡
宮様無御拝、上棟之間御慎、
卯上剋備之、

（中略）
卯上剋重衛門屋根ニ登、重兵衛下（偏）候、御酒・御備上ニ而鎚以御打、千歳棟・万歳棟・永々棟三聲ヲ誦之、餅をまく、
御内上下蛤御吸物・御酒祝之、大工其外共ニ吸物・御酒肴二種被下、
十四日、天晴、
一、鎮守社御遷宮御神事、
表御門往連引 大門紙二枚二下ゟ付 小門五付
御内惣火今朝改、不及掛湯、
御神事火ニ入分備前守 依老也 木工頭奉行
右近将監 奉幣役 有御料理人一人同火
貞玄早天水掛、其後掛神事湯拝也、御拝止、
十六日、昨夜降雨、
一、吉田殿へ御使半衛門、先日御出〔　〕之義弥今晩御出可被進之由、
豊前へ諸事入魂、
　晝半比来人数
豊前守　肥前　伊賀
周防　若狭 羽林同　土佐 同　庄左衛門

丹宮　　巫女一人　　下人五人
吉田殿布衣弐人白張弐人
一、午（下）刻鈴鹿豊前守其外七人召連参御用意飾之
巫女一人
右於御廣間装束着則（以）其所支度有之、
先強飯吸物御酒肴二種
夕飯一汁五菜引物吸物御酒肴三種夜食
一汁三菜吸物肴二種菓子二種
此方神事大同大
下〻支度一汁二菜申付

御遷宮用意
豊前守斉服（マゝ）
其外七人浄衣
御供（白木）唐櫃朱塗唐櫃朱案幣榊有八脚御供案白木
作二脚
（略図）
同無秡動座加持遷宮祝詞御神供神楽清秡
一吉田二位殿酉中刻御参、布衣三人、皆傘 社辺迄供
斉（さ）服日蔭小忌
先無御対面被窺遷宮勝手次第之由被仰出直

ニ御社ニ参向
備前守狩衣木工頭奉行狩衣右近将監奉幣役狩衣時
相従幔之外ニ座
戌中刻快晴月明、
於御書院御対面式有一献直狩衣陪膳御
盃二位殿ヘ被遣其盃大膳大夫呑納被申、
御肴三種土器盛三方片口御銚子、宮御入
強飯出、御酒不出、御料理取替二汁五菜御
引物御吸物御酒数献、各御盃往来御肴五
種御茶之后御退出、

一、亥刻御社参、御奉幣有、御衣冠御袍被着也、御奉
幣成恒狩衣役之御沓殿上人、
五社八幡春日住吉日吉荒神

寶永六年十二月十七日

上皇東山御違例危急ナルヲ以テ、新院御所ニ参入シ、御機嫌ヲ候ス、深更上皇崩御アラセラレタルヲ以テ、一旦歸邸ノ後、衣冠ヲ改メテ参内中門御シテ天機ヲ奉伺、尋イデ仙洞御所靈元ニ参入ス、是ノ後、御葬送七年正月十日迄ノ間、屢、舊院ニ参入シテ御靈前ニ燒香シ、皇后幸子女王ノ御機嫌ヲ候ス、

（有栖川宮家司日記）○高松宮家蔵

宝永六年十二月十七日、

一、新院様ヘ窺御機嫌、御使伊与守参、愛宕殿ゟ御容躰本書未昨夜以外之由寅剋少々御快御座候ヘ共御大切之由也、

依之所々巳剋斗御参院、夫ゟ中宮様ヘ御成還御、其後又中宮様ヘ御成、夫ゟ申剋斗以外之由ニて新院様ヘ御参、御大切之由ニて還御、

御衣冠ニ被改新院様御大切、窺御機嫌御参内、夫ゟ仙洞様ヘ被窺御機嫌酉剋斗還御、大准后

様ヘハ御使不工顕、

廿一日、天晴曇、

一、傳奏衆ゟ口状書

舊院様御入棺以後御葬送迄之内御本所ヘ為御燒香御参院被遊候儀御勝手次第ニ候此旨為御心得右迄可申入由也、

十二月廿一日

追而御燒香御参否御届ニ不及候以上、

廿三日、天晴、

一、為御燒香舊院御本所ヘ申后剋御成、薄紫紗御小直衣御指貫御眉薄（○供奉略）御表門ニテ有之御臺所門小門ゟ御輿入北面所玄関ゟ御入被遊、詰衆迄被仰以案内御燒香之由也、

（○中略）

夫ゟ中宮様ヘ御成酉剋還御

卅日、天晴曇、

一、未剋中宮様ヘ為御見廻御成、伊与守靭負夫ゟ御舊殿ヘ御燒香ニ御参、常御小直衣御眉薄し今日二七日也、酉中剋還御

七年正月七日天晴
一申上剋為御焼香御本所へ御成、右近〈大学〉将監御小
直衣御着用、今日者三七日之故也、
十日丙子晴天
一午剋舊院様江御焼香ニ御参、同剋還御、

〔有栖川宮日記〕○高松宮家蔵
宝永七年正月九日乙亥雨天
一日野〈凶事傳奏〉中納言殿へ御使、明晩御葬送之御供可被
遊候之由兼而万里小路殿ゟ御噂候へ共、依御
所労此度御供無之候間、左様ニ御心得可被進
之由也、御使服部半衛門、
十日丙子晴天
一午剋舊院様江御焼香ニ御参、同剋還御、
一舊院様今晩御葬送、戌剋御出門也、
一今晩御葬ニ御参無之儀見前、

〔禁裏番衆所日記〕
寶永六年十二月十七日、癸丑、晴、晩来微雪、摂政参
入、戌剋新院崩御、傳奏池尻前中納言・前平宰相行
豊披露、
十八日、甲寅、朝間微雪、後霽、諒闇、傳奏中御門前大
納言、奉行尚長朝臣、凶事傳奏日野中納言、奉行光
栄、被仰出之、摂政・左大臣・右大臣・帥宮参入、被窺御
機嫌、
廿二日、戊午、晴陰未許、衛雪、摂政参入、左大臣・右大
臣・帥宮・一条大納言等参入、被窺天気、

〔永貞卿記〕
寶永六年十二月廿二日、御入棺、廣御所西也、下段也奉置御棺御讓
一屏風立御前、観音絵像掛之、像ノ前ニ底香爐一、自今日泉涌寺ノ僧西ノ
御縁座敷御棺ノ前候誦経、

有栖川宮実録　一〇

正仁親王実録　三

有栖川宮實錄　一〇

正仁親王實錄

三

有栖川宮實錄　一〇

正仁親王實錄

正仁親王　三

寶永七年正月十二日

東山天皇ノ初七日御忌法事ヲ行フヲ以テ、泉涌寺ニ參詣、尋イデ般舟三昧院ニ參詣ス、十八日、四七日御忌法事ニ當リ、兩寺ニ參詣、二十六日、盡七日御忌法事ニ當リ、泉涌寺ニ參詣ス、

有栖川宮日記　○高松宮家献

寶永七年正月八日甲戌晴天

一傳奏衆ゟ觸状来、二通如左

覚

泉涌寺般舟院御参詣之日限正月十二日十三日十六日十八日廿一日廿三日廿六日

右之日限之内両寺へ御参詣御焼香可被遊候、御香奠或御贈經芭ニ而茂前々被献候着此度茂右之通可然候、尤御参詣之日可被献候、

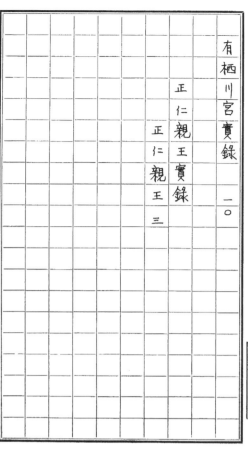

一泉涌寺般舟院御参詣之御方供之面々公儀
之番人差圖之趣不致違背様ニ急度可被仰
付候、右之趣各迄可申入由両傳被申候ニ付
如此御座候、以上、
正月八日　両傳雑掌
諸大夫御衆中
十二日戊寅晴天
一泉涌寺般舟院東山院様御法事今日御参詣之
義傳奏衆ゟ日限依申来不及御届、
一泉涌寺般舟院へ葩五十片御香奠五百疋宛両

寺へ御贈納被遊、御使矢嶋備前守布直垂御成
之御先へ持参仕、

一今日泉涌寺御参詣ニ付新善光寺へ御休息ニ
可被成之旨先へ案内申遣、
一辰半刻泉涌寺へ御参詣、御看用薄紫紗ノ御小直衣烏帽子御指貫御
供諸大夫一人成恒歩行布衣二人、青侍五人、御
沓笠白丁何茂新善光寺ニて看用御輿物六人、未刻還御、
一未半刻般舟院へ御参詣、御供同右、此方ゟ何茂
着用同刻還御、
十八日甲申天快晴
一今日般舟院へ御参詣卯半刻御供諸大夫布直
垂、貞寛一人御先へ参布衣弐人前十二日之通

也、但無白丁即刻還御、
一辰刻泉涌寺へ御参詣先達而新善光寺へ案内
申遣、先新善光寺へ御成、御休息、御供布直垂布
衣着用、午刻御法事始、御聴聞、御膳等も被召上、
申刻還御、
廿六日壬辰雨天
一辰半刻泉涌寺へ御参詣、御供十八日之通諸大
夫成宗乗物貞寛歩行未刻還御、新善光寺ニて供奉何茂着用
一今日泉涌寺へ御参詣青侍五人被召連候ニ付
中宮様侍衆壱人宝鏡寺様侍衆壱人御雇伺公、

一、泉涌寺之御法事今日ニて相済也、

資堯朝臣記

寶永七年正月十二日今日舊院初七日御法事於般舟三昧院泉涌寺等被行之、着座公卿布施取殿上人等後日可尋注、本所素服人々自今日兩寺參懃結香云々、

十三日舊院御二七日也、於兩寺御法事如昨日

十六日三七日御忌也、御法事如日々

十八日舊院御四七日也、於兩寺有御法事、

廿一日御五七日也、御法事如日々

廿三日舊院御六七日也、於兩寺被行御法事、

廿六日舊院七々日御忌也、於兩寺被行御法事

寶永七年二月二十七日

近ク江戸ニ下向セントスルヲ以テ、中宮御所（幸子女王）ニ參入ス、尋イデ三月二日、禁裏（中御門）ニ、四日、仙洞御所（霊元）ニ參入シ、夫々御餞別ノ品ヲ拝領ス、

〔有栖川宮日記〕○高松宮家蔵
宝永七年二月廿三日、戊午曇天、
一、従女院様関東御下向為御餞別干鯛一箱御樽
代三百疋被進、

〔有栖川宮日記〕○高松宮家蔵
宝永七年二月廿七日、壬戌天陰晴、
一、巳剋光照院様宝鏡寺様賢宮様へ御成、夫ゟ中
宮様へ御成、御料理被進、近々関東御発駕ニ付
テ也、依之中宮様へ千鯛一箱被進、姫宮様へ作
花壱筒被進之、
〈　　　　〉
一、酉剋還御、
一、宝鏡寺様ゟ為御餞別御にはこ入（こ脱カ）五つ、五種御に
はこ入被進、且又兼而御頼被成候御絵二幅被

遊被進、
廿八日、癸亥雨天、
一、従中宮様為御餞別紗綾十五巻干鯛一箱、白銀
廿枚被進、従姫宮様羽二重弐疋被進之、

〔有栖川宮日記〕○高松宮家蔵
宝永七年三月二日、丁卯曇天、
一、巳剋御参内今日為御暇乞也、一昨日両伝於禁
裏御直ニ内意被申入候ニ付テ也、
一、禁裏様ゟ御使女房奉書を以テ御餞別綿一折
廿は御拝領、御請使如例御参内已前故御礼直
被仰上、
（〇女房奉書略）
一、稲宮様ゟ御餞別被進、紫帛一折五包被進
一、新大納言御局ゟ御餞別来ル別記ニ有之、也、

〔有栖川宮日記〕○高松宮家蔵
宝永七年三月四日、己巳、天曇、
一、従仙洞様女房以奉書白鳥一箱綿十把被進、
（○女房奉書略）
一、未刻仙洞様へ御参、𬨨珍一巻御拝領并古歌仙壱部寄合書三部抄壱部箱入右三品於御前御拝領、

〔有栖川宮家司日記〕○高松宮家蔵
宝永七年二月十六日、雪又晴、
一、庭田殿ゟ呼来右馬権頭参、
関東御下向之儀申来候、来月七日迄ニ御発駕被遊候様ニ申参候、尚御日限重而可申入之由也、
廿二日、天晴、
一、庭田殿ゟ諸大夫可参之由依之右馬権頭参被申渡、
一、御発駕御日限三月七日有栖川殿鷹司殿

一、本坂越之義関東へ被遣候間無之比度者不成之由紀伊守殿ゟ申来之由、
右聞召被届之由庭田殿高野殿へ御使被遣
右近将監、

宝永七年三月七日
京都ヲ発シ、江戸下向ノ途ニ就ク、箱根休所ニ於テハ、去ル宝永四年噴火セル富士ノ山容ヲ初メテ観ル、既ニシテ十九日江戸ニ着シ、伝奏屋敷和田倉門外ニ入ル、

〔有栖川宮日記〕○高松宮家蔵

宝永七年三月七日、壬申、快晴、

一、卯中刻御發駕、御道筋日御門堺町通丸太町夫ゟ御幸町、夫ゟ三條通御成、先ニ如御例、御築地之内ハ各歩行也、黒門ゟ乗ル

一、中宮様ゟ大津迄荒木對馬守被進候、唯今罷帰（未刻過）御機嫌能大津御發駕被遊候、且又禁裏様ゟ大津迄御使御菓子御拝領被遊候間御禮使ニ参上可仕旨被仰付候由也

一、宝鏡寺様ゟ御見送之御使者三好圖書伺公、奴

茶屋ニて御暇被下罷帰候、御機嫌之御様子申入候由也、

一、御着用物御小直衣、一昨夜従仙洞様御拝領御小直衣御裏付也、御下袴御合口御末廣

八日、癸酉、天晴、

一、未半刻宇野内記伺公、先刻草津ゟ罷帰之由ニて御機嫌能御通なしの宮様ゟ被仰進也、御膳等も御常之通被召上由也、

十一日、丙子、快晴、

一、戌刻桑名御坊ゟ飛脚到来ニ付宇野内記ゟ書状相添来ル、弥御機嫌能佐屋御出船之由申来ル、大膳殿其外宿々書状為持遣ス、戌ノ刻到来ニ付翌朝為持遣ス

十二日、丁丑、天陰、

一、中宮様江昨夜桑名ゟ御便有之、御機嫌能御旅行被遊候段小少将方ゟ文ニて被申上也、

十八日、甲未、天半陰半晴、

一、卯半刻嶋田ゟ飛脚到来、去ル十三日御機嫌能御着之由申来ル、（御書来）方々江之届状為持遣ス、藤木豊後守今朝ゟ相詰ル、

（

廿八日、甲巳、陰天雨下、

一、関東ゟ飛脚申半刻計ニ書状持参、去ル廿日日付之書状、十九日辰刻過御参府、申刻為上使井上河内守織田能登守御旅宮（官）へ参上、首尾能御對面之由申来ル、御書来、

（正仁親王）関東御下向日次（○高松宮家蔵）

寛永七年三月七日、天晴、

一、卯上剋御發駕、表御車寄ゟ御輿出、御見立御使

披露之、

御着用織物御小直衣御下袴右御小直衣従仙洞様一両日以前御内〻被進

供奉殿上人上下諸大夫羽織裏付袴馬上之香八羽織野袴

近習供奉立付羽織馬上八野袴羽織〻外様侍羽織股引醫師

針醫羽織野袴

御道筋日御門通堺町御門ゟ乗物各乗御出丸

（二）田町通東江行、御幸町通を三條通江出御、下

向右道筋後西院様故一品宮御下向之御例

也、

（○行列略）

一、山科奴茶屋辺御輿立、小堀二右衛門ゟ手代出

御送之衆是ゟ帰、分御對面也、霊鑑寺様御使宝

鏡寺様御使三輪善蔵加納道詮

一、大津御休御着、巳半剋御宿播磨屋市右衛門

一、御本陣御玄関段〻に御幕表紫絹桔梗御紋幕

一、御送衆御使衆江一汁三菜支度有之、役人伊

庭上総給仕人町人三四人、

一、御使御對面、御返事被仰出

禁裏様御使町口越中守、百足被下之、御口上使也、自分献上蒸餅

折、

中宮様御使荒木對馬守、羊羹蒸餅段〻十棹被進、百足被下之

京極様御口上使廣庭右近、伏見様御口上使

山田右兵衛相國様焼饅頭折、御使林右近聖

護院様外郎餅十、御使岩岐斉〔波〕、曇華院様菓子

折御使結城右衛門尉、光照院様外郎餅十御

使関目修理、圓満院様ゟ高麗煎餅御使関村頼〔重〕

母、賢宮様干菓子、大崎采女、

右御對面、御返事被仰

〈

一、草津御泊、申中剋御着、御本陣田中七左衛門下陣幕依所有之入夜御玄

関前御紋大灯燈出之

一、中宮様御送使錦部長門守、御直御返答被仰

出、

八日、天曇、

一、草津御宿寅下剋御立、

一、横田川舟渡先御家種渡之、此間山際ニ御輿立置、御輿ニ御輿渡之、

一、水口杖突弐人出、

一、水口御休、先御宿鷹司様先觸ニ付外ニ被仰付
敷、下傳兵衛
一、松尾川ゟ杖突弐人出、
一、土山入口ニ多羅尾四郎左衛門手代入屋武
右衛門、近習挨拶、
一、坂下御泊、申中刻御着、松屋嘉兵衛
一、伊勢両宮御初尾百疋今度御下向御首尾能
御成就之御祈禱藤田長大夫江町飛脚遣料
弐銭目未御服中故諸大夫ゟ御沙汰を申、
九日、少雨、夜明雨止曇、

一、坂下御宿寅上刻御立、
一、野尻茶屋御輿立、醫師御供御酒被下、鷹司様此方済
時分御扣故、早々御立、
一、亀山城下無異事、
一、石薬師御休、小澤惣右衛門、
一、四日市諏訪明神外ニ御輿立、
一、桑名御泊、申中刻御着、川崎屋善九右衛門、
一、松平越中守ゟ早速使、右案内、
越中守舟奉行平田友左衛門伺公、御召舟之
儀被申付候ハヽ御案内申之由也、大嶋備前守

令挨拶御満悦之旨申返、
十日、映晴、昨夜風雨烈以外也、寅刻ゟ晴天、
一、桑名御宿塩時依案内卯中刻御乗船、御着用御小直衣、道八御下袴ニ御烏帽子也
一、今朝荷舟御家来乗物等御先へ遣、先番七御
先へ参、
一、御輿御挾箱残侍御供舟ニ乗、
一、御舟江御輿入御乗被遊也、
御長刀御挾箱三荷御茶弁當御乗船ニ入、
御舟ニ乗分大膳大夫・備前守、木工頭伊豫

守、右近将監各上下、
一、佐屋御休御着、御舟塩時惣四五町前ニ而付加
藤五左衛門
一、尾張中納言殿御家頼佐屋奉行大嶋半兵衛
同所代官五味源右衛門、目付湯浅十郎左
衛門伺公、御用可承之由備前守出合令挨
拶返之、
一、熱田御泊、申中刻過御着、小出太兵衛
十一日、天晴、

一、熱田御宿寅刻御立、
一、池鯉鮒御休巳刻御着 長田清兵衛
一、御油御泊申中刻御着、林源五左衛門
十二日、天曇夜明晴、
一、御油御宿丑中刻御立、新井渡午刻前御渡海之
積ニ而早御立、
一、白須賀御休、巳刻御着 浅岡七郎左衛門、
一、荒井御関所番頭牧野大学御馳走御舟出家
隷五味六郎左衛門為御用町筋ニ扣居申由御
舟ニ召聞之故其分也、

御乗船前御輿立雑人御先へ越、
御輿番所之前過ゐ時番人下ル、近習令挨拶
肝煎宮御舟近邊ニ有之、日和能波静也、
御乗船 小早有屋形 御輿屋形之脇ニ寄申御
移被遊御長刀入御同船大膳大夫波多野道
尹淀川尚脩備前守、大學將曹、服部半右衛門
御茶弁當入可□承之、此度ハ番頭牧野大学ゟ計舟出代官之舟ハ無之
一、舞坂御舟付際塩少御舟を引、
一、濱松御泊未刻御着、梅屋市左衛門

十三日、天曇晴昨夜小雨、
一、濱松御宿丑刻御立、杖突弐人出
一、天龍舟渡寅中刻、御供御先江越、
（
一、袋井御休、巳半刻御着 田代八郎左衛門
一、大井川未刻過御渡、下々御先江渡、
御輿わくニ入、木工頭備前守乗物ニ而御跡
ニ付、御長刀持添水口伊左衛門、黒勢文左衛
門から尻ニ而御輿川下ニ乗行、公儀御馳走
川越之外ニ西照寺門徒催川越廿人手組御

輿川下ニ並御輿を譲ル、
一、嶋田御泊、申刻御着、町中立砂水打、置塩藤四郎
一、丸子御休、巳下刻御着 横田七右衛門
一、江尻御泊 羽根半右衛門 未中刻御着、立砂水打
杖突弐人、町入口御代官鈴木三郎兵衛手代小
形惣右衛門出、近習令挨拶、
一、御宿之裏入江有、茶屋有網打申付入御覧、
十五日、雨天
一、江尻御宿寅刻御立、杖突弐人出、
一、神原御休、巳刻御着 瀧纖藤右衛門

一、三嶋御泊、申下刻御着、樋口傳左衛門
十六日、昨夜風雨烈、寅中刻止、静也、
一、三嶋御宿卯中刻御立、天曇、
一、箱根御休、午刻御着、内田理右衛門
一、御宿ゟ冨士初而御覧、山晴雪多見えて有霞
先年焼出穴も少々見ル、須臾之内ニ曇、近山全
嶺晴、其上ニ見冨士全躰晴、衆中大幸不過之、
仍於御前一献祝之畢、
一、関所 御小直衣御着用、御供之衆中不着装束乗
物、戸明、乗掛等其侭乗、番人番所を下ル、御供

近習令挨拶、
一、小田原御泊、申下刻御着、高橋甚五右衛門
十七日、映晴、
一、小田原御宿寅上刻御立、
一、大磯鴫立沢御輿立御覧、日出比也、寺江三百文
被下、杖突出、平岡三郎右衛門御代官所
一、馬入川舟渡、御舟肝煎平岡三郎右衛門手代
出杖突弐人、

一、藤沢御休、午刻、御立、堀内勘右衛門
一、金川御泊、申中刻過御着、石井源左衛門

十八日、天晴、
一、金川御宿寅刻御立、今日御軽服明以清火御掛
湯御休無之、
一、品川御泊、巳中刻御着、河嶋十郎左衛門
十九日、大雨、風昨夜ゟ烈、午刻計ゟ晴、
一、品川御宿卯中刻過御立、
御小直衣御着用、殿上人直垂 諸大夫熨斗目半上下
医師針医十徳衣 近習野袴並合羽 外様股引並合羽
（略ロス行列）
一、御馳走所傳奏屋敷東南角御表門東口其北

方臺所口同北方続屋敷殿上人休息所主有閑親
類御衆中ゟ侍相詰申 其奥脇方ニ医師針立休息所外
様侍表長屋之内諸大夫休所近習休所廊下
脇ニ在北屋敷御風呂有毎日焼之、
巳刻過御着御門前江為御迎渡辺外記、曽我
蔵人、榊市衛門出、伊東庄左衛門同出、近習挨
拶数輩ニ御輿寄上下出向 木工頭長金森出雲守、下嶋
甚右衛門、岡田儀右衛門出有之、木工頭金森
出雲守披露、御先江御案内、御座間御次廊下
迄伺公、

一、金森出雲守先御礼於御座間（備前守長上下着用改殿上人）
衣桁
御太刀一腰御馬代金壱枚
備前守披露御礼有、此度御馳走御挨拶済退
出、
一、御肴御届御使矢嶋伊与守、（熨斗目半上下如先格供乗物等出）
月番
一、本多伯耆守、（御側衆）間部越前守、
一、品川豊前守、織田能登守、御使中川大学、（熨斗目半
上下、如先格供）
一、ノ御祝儀可上哉依窺勝手次第之由被仰出、

一、殿上人御相伴ニ候哉被尋ニ付御陪膳有之
由申、
一、引渡御三方、烹雑ヒレノ物、（御盃）御土器三枚、御銚子
加銀器御手長役人ゟ近習請取殿上人御陪
膳也、
一、認御膳（御引續御茶碗而出、）一二三向御引物二種御吸
物、御酒、御肴二種、御三方ニ皿盛御湯水（銀器帛物）
覆於御前取之御茶菓子（御縁高有御盃）御茶濃薄両度御菓
子同断、
右御膳之内ニ一度御馳走人江御挨拶御意

申出、諸大夫
輪王寺宮
一、准后宮様ゟ御使吉川大蔵卿、御対面之儀宮部（半左衛門以テ出）
雲守殿へ尋御座間ニ召之、
大檜重一組（干菓子蒸菓子五重）御対面御返答被仰、
大蔵卿求肥二箱献上、
一、品川豊前守未剋半上下伺公、於御座間御対面、御物語
共有之、
一、上使井上河内守、織田能登守（参上案内有長上下）未剋両
人伺公、
表御対面所御上段ニ被為成下段之間へ

上使両人伺公之時御出迎御挨拶有之、直
ニ上段江御上り是江と有御挨拶而上段
ニ伺公、両人御口上被申御対座ニ而被聞
召直ニ御返答有之、下段間迄御送一礼ニ
而直ニ退出、
右伺公之時金森出雲守殿上人敷莚迄為
迎被出、御案内諸大夫両人莚端江迎ニ出
有之、
右萬端先格ニ同、

〔德川實紀〕文昭院 巻五

寶永七年三月十九日、有栖川太宰帥正仁親王鷹司前關白兼熙公参着により井上河内守正岑して慰労せらる。高家織田能登守信門そひたり。親王は傳奏の邸にやどり給ひ、前博陸は貝塚青松寺を旅館にあてらる。

〔有栖川宮家諸祝儀次第書〕（外題）○高松宮家蔵

寄書上

神事

奉幣御傳授

一、正仁親王奉幣御傳授

宝永七年寅三月廿日、於関東万里小路殿へ被仰ハ、於京都者未御服有之故不能其義、此度之義奉幣無之如何ニ思召候、吉田殿へ御申、先御次第計御傳、重而三日神事ニて可被請子細之由御頼可被進之由被仰入處、御尤之由ニて御心得之由也、

寶永七年三月二十四日

吉田兼敬ヨリ内々奉幣作法ノ傳授ヲ受ク、

廿三日、万里小路殿ゟ御使、吉田殿へ奉幣之義被仰候處、御領掌之由申来、

廿四日、吉田二位殿伺公、於御内々御対面、奉幣之事依無御傳授以頭弁殿被仰ニ付、次第御持参御傳授也、不及御神事、

廿六日、吉田二位殿へ生鯛一折ニ被遣、此間之御礼心也、

寳永七年三月二十五日
江戸城ニ登リ、白木書院ニ於テ将軍徳川家宣ニ
対面、継統ノ賀詞ヲ述ベ、祝品ヲ贈進ス、

〔正仁親王関東御下向日次〕○高松宮家蔵
宝永七年三月廿四日、天晴、
一、長澤壱岐守伺公、御申談、
一、明廿五日御對顔可被遊候由、
一、御内面々御書付之通、御目見可被仰付之由、
依之矢嶋備前守、山本木工頭、矢嶋伊与守、藤
木右近将監、波多野道尹、中川大学、小川靭負
被召出、被仰付、御礼申、
一、明日御進物宮部半左衛門江中川大学以書付
渡、

一、公方様江御太刀一腰、縮緬十巻、無書付以中高包以白紅
結臺雲足御目録大鷹一枚ニ奥字認有栖川殿と書小札付縮緬十巻中ニ書入尤
横目録也黄金一枚雲足臺
一、御臺様江縮緬五巻紅白包同雲足臺様右干鯛一箱樅箱上十枚入
御目録大高弐枚か竪目録か
廿五日、晴天、
一、金森出雲守ら依案内辰半刻御成、
一、御着用濃紫紗御小直衣御下袴、御内刀、御合口ハ被
止
一、行列

（行列略ス）
一、御玄関前御挟箱御長刀脇ニ有之、御輿莚上
数臺ニ寄、高家衆数臺出、金森出雲守、数莚ニ有、諸大夫壱所集居、御供仕上ル、殿ニ
上人被出向御輿戸明、御内刀采女持之、備前守御先江進ミ、御輿寄、
高家衆以御案内殿上之間上段江御座、
殿上人下段ニ伺公、
一、御目見諸大夫、醫者布衣大廣間ニ座ニテ待
之、長上下、着用御供近習御刀持四人御玄関
板間之所ニ有之、
一、御對顔前白書院御内見其御礼節等両高家

被申入之由也、廊下之脇御休所ニ御一所ニ
被為成之由也、
一、御對顔始前御目見諸大夫近習醫者白書院
落縁ニ並居、前一列扇箱前ニ置、智門様衆各
別ニ有之、
一、年始之御使者ハ廊下ニ進ミ有之由、
一、御對顔先勅使、（庭田大納言、高野大納言、）仙洞使、藤谷中納
言、
年始并其外御祝儀使、御進物役送並高家衆
九條左大臣殿（御進物御書院番役、御礼節済、大慶間へ御成、）有栖川

殿鷹司前関白殿二條大納言殿西本願寺門
跡、公卿殿上人、（九條殿御路、有栖川宮殿上人、）沢修理大夫野沢大膳大夫、次
廣縁方障子明、（左右奏者番披露之）御目見面々一列御
礼、次大廣間江老中高家被出御挨拶済御上
首々還御、高家衆數輩ニ出御一礼被申、
一、今日御對顔ニ付御老中御側衆若御老中品
川豊前守、織田能登守江御口上使矢嶋備前
守上下ニ改、
今日御對顔首尾能御大悦ニ思召候、依之
以御使被仰之旨也、（門々立戻、自分御礼及暮ニ付、申入之由札持

参、）
一、上使未刻大澤出雲守伺公、案内使者先達而来
塩鶴壱羽箱入、大樽壱荷被進、
御對面之儀御老中上使之御挨拶同前、
一、右御礼使矢嶋伊与守此序門々立帰今日自
分御礼申、

〔有栖川宮日記〕○高松宮家蔵
宝永七年三月廿九日、乙午天晴陰
一、仙洞様ヘ杜丹之花紅白二輪梅小路殿迄為持
上ル、紅ハ御実生也、白ハ朧月夜也、昨日関東之
御使之義委細申進候、御返答ニ昨日紀伊守々
廿五日ニ御登城相済候由申来、御首尾能珍重
ニ奉存候由也、御使岡本武右衛門、

〔徳川實紀〕文昭院巻五

寶永七年三月廿五日公卿引見あり、御直垂召、本多伯耆守正永先導し、宮原刑部大輔氏義御太刀、本目讃岐守正房御刀とり、白木書院に出給ふ、（中略。）また御繼統の賀に九條左大臣輔實公有栖川太宰帥正仁親王鷹司前関白兼熙公二條大納言吉忠卿は各金馬代縮緬十巻（中略。）事はて、高家して親王公卿の旅館に鶴并に酒をおくらせらる、門跡には昆布酒樽すりけ、小御臺所に進らせ給ひしは（中略。）近衛太閤攝政より新禧に紗綾五巻一種づゝ、左大臣輔實公、前関白兼熙公、大納言吉忠卿参向により縮緬五巻一種づゝ、正仁親王よりも同じ

寶永七年三月二十六日

招請ニ依リ、江戸城ニ登リ、饗應ノ能ヲ覧ル、

〔正仁親王関東御下向日次〕○高松宮家蔵

宝永七年三月廿五日、晴天、

一、上使前田伊豆守伺公、

御馳走御能明日被仰付候間御見物可被成之由也、御對面之儀如前〻、（殿上人諸大夫送迎礼節）

同前、

一、右御礼使藤木右近将監

廿六日、天晴、

一、辰刻御能御見物御成、（今日御薹物三種、若狭仲人主、教淸臺ヘ足、昨晩宮部半左衛門江渡置、）

一、御着用 紅朽葉御小直衣御下袴
一、御供之躰如昨日、（供奉者等略）
一、御玄関前 御乗物下馬ヶ備前守御輿ニ付御長刀御挾箱御玄関前ニ有 御輿
敷臺ニ寄高家衆御迎ニ敷臺近被出、全森出
雲守被出向也、御輿戸大膳大夫被明御出被
遊高家衆以案内殿上之間之上段左右ニ御
着、
一、御能始前大廣間ニ高家衆御案内ニて御成、
其節之御座舞臺を後ニシテ御座大樹公御
出被遊御挨拶有之御入ふすま障子さし舞

臺之方ニ御向大樹御前之御簾上御能申有
之而面箱出、
式三番 二右衛門
観世大夫 高砂 権右衛門 大 三郎右衛門 小 新九郎 太 左吉 笛 市右衛門
金剛大夫 八嶋 麻生二右衛門 久右衛門 大 庄九郎 小 清九郎 笛 又八郎
柿山伏傳右衛門
宝生大夫 江口 新次郎 大 市郎兵衛 小 清九郎 笛 長蔵
太夫役者時服用脇如例被下、
御中入
於白書院御上段 左 九條左府様鷹司前殿下様 右 有栖川様二條大納言様
下段勅使院使御饗應七五三、

納言以下公家衆
拝見御使御家頼於檜間 三汁九菜足打塗物
三千郎 靫馬天狗 権右衛門 大 弥三郎 小 清五郎 太 惣右衛門 笛 又八郎
七大夫 祝言 呉服 茂右衛門 大 助九郎 小 新九郎 太 権八郎 笛 長蔵
右済テ右御立段上之次間江御成、御老中御
御送御挨拶有テ左府様ヶ次第ニ還御、御玄
関ヶ一二御門御出三御門ヶ御立帰次第ニ
又御成於殿上之次間老中ニ被謁次第ニ還
御、殿上人ハ御玄関ニ待合御供申被上、此時御跡ヶ退出
右御能御礼御立帰有之故還御之后御老

中江御礼使不入之由品川豊前守殿御能
之内ニ拝見所ヘ被来種田信濃守差口ニ
有之故此段被申含各江可申合之由也、

〔有栖川宮日記〕○高松宮家蔵
寛永七年四月八日、癸卯、天晴、
一、関東ゟ書状来ル、去月廿九日之日付書状共也、去ル廿五日御登城、翌日御能相済之由、廿七日輪門様ヘ御成之由、段々首尾能相済、廿八日上野増上寺御参詣相済之旨也、
一、伏長老ゟ御使僧関東ゟ御使有之ニ付、為御祝也、
三月廿六日江戸御城御能組
（○能組略）

〔徳川實紀〕巻五 文昭院
寛永七年三月廿六日、公卿饗應の申楽あり、長袴着給ひ表に出たまふ、先導は本多伯耆守正永、御刀は大澤右衛門督基隆役す、少老加藤越中守明英能始の事を令して、奏者番三宅備前守康豊禄をつたふ、けふの曲名は翁、三番叟、高砂、八島、江口、鞍馬天狗、祝言、呉服、狂言二番、麻生、柿山伏なり、

寛永七年三月二十七日
輪王寺宮公弁親王後西天皇皇子ヲ訪フ、

編修課

〔正仁親王関東御下向日次〕○高松宮家蔵
寛永七年三月廿七日、天晴、
一、輪門様ゟ御使今日早可被為成之由近習御使被進、
一、輪門様江御成之、御先江矢嶋備前守参、長上下、
櫻蠟燭壱桶、御薫物若草梅花二香箱紫帛包之ニ御小屏風片箱入白木錦包、繪中殿御會、狩野種信一方ニ和哥栗原三位長義卿筆、
右御進物長門守ヘ渡、
一、三百疋宛楞伽院信解院恵恩院東叡山役者江被下、

院家傳法院弟子六條殿息、
一、行厳院　弐百疋
一、百疋宛御目録御用人小林修理、松田勘解由、鵜川監
物、野沢縫殿御側御用人、村越采女、右之外岸本土佐守、下
村将監、大西淡路守、万里小路雅楽、
一、浅草傳法院僧正　江　五百疋砂糖漬一曲物御使侍
衆遣、右ハ吉川大蔵卿内證依差図也、
一、巳剋輪門様　江　御成、御板輿
一、御供對御挟箱、御長刀、御馳走人歩行五人、外様侍六人
近習三人、織部・采女・隼人、諸大夫一人、歩行ニ而御供藤木右近将監
中間以下如昨日、殿上人御供如昨日、跡乗宮部半左

衛門　若黨五人騎馬
殿上人　狩衣　右近将監長上下改、近習熨斗目半上下、
一、御玄関　江　院家坊官諸大夫上野役者御迎ニ
被出、御座間ヶ三畳小御書院ニ而御對面、次殿上人御對面、次
備前守御目見、次右近将監長上下、戸田織部半上下御目見、
院家役者御對面
一、奥之御座間　江　御同道、大膳大夫備前守召、
御雑煮出、大膳大夫御相伴、御吸物御盃有之、
次殿上人御盃被下、次備前守御盃被下、
一、御互ニ御白衣ニ被為成、大膳大夫上下改

御庭　江　御同道院家宮内卿、大蔵卿、大進、長門守、内蔵権頭、水野慶雲、其外内
ゝ小性衆御供、大膳大夫、備前守御供ノ後ニ右近将監、織部、采女、
隼人御庭可令拝見之由、
一、新造假茶屋五六間、蒸物ヤ、酒ヤ、焼豆腐ヤ、手拭ヤ、きせる、煙草入ヤ、小
間物ヤ
一、牡丹御座敷　江　御成、牡丹方々御覧後御菓子
餅、御湯漬、御酒出、
一、造花盃臺屋、御茶屋御成、蒸饅頭、名酒色々
波多野道尹兼而大蔵卿迄願、今日可参之
由ニて伺公、此御茶ヤ　江　召ニテ御目見被

仰付近習衆壱所ニ御庭可令物見之由、
一、新茶屋ニ而御酒饅焼豆腐被上、人形きせる
等類面々迄被下、
一、又牡丹御座敷　江　御成、御手鑑四五帖出、
一、同御庭ら御内證御物見御茶屋牡丹雉花壇
御覧、
一、御学問所　江　御成、御手鑑等出、御覧、
一、御座間江御成、夕御膳　三汁十菜　余大膳大夫備
前守御相伴、
御酒数献被下、御茶御菓子出、

御膳之上之御盃行厳院（江）被下、

夕御膳引續後段蕎麦切

御小直衣御着用、御門跡御衣御着用被進物

有、

丁子釜風炉（銀器金繪様惣御帛戈木）賛一箱、黄金五

枚臺ニ居

次備前守（江）龍紋式端被下、

酉刻還御、

寶永七年三月二十八日

上野東照宮及ビ芝増上寺ニ参詣ス、

編修課

（正仁親王）関東御下向日次　○高松宮家蔵

宝永七年三月廿八日、天晴、

一今日上野増上寺御参詣之儀、昨日高家衆ゟ御馳走人迄可被申上之由申来、

一（上野）東照宮（江）御太刀銀馬代（御目録真字）馬代白銀一枚（常是）

雲足臺

大猷院殿御香奠白銀壱枚（常是包）（御目録真）雲足臺

厳有院殿同、

常憲院殿同、

（増上寺）台徳院殿同、

右昨日宮部半左衛門迄相渡

一右五ヶ所野澤大膳大夫ゟ進献金百疋宛御

目録（真字称号官名ヲ九條殿上人重く承合り臺如此ヲ）宮部半左衛門

（江）壱所ニ頼遣、

一卯中刻上野（江）御参詣之為御成、

一御着用（御小直衣御指貫御衵合口御内刀御扇御板輿）（御持葉紗）先格當格同、

一御成（御供諸大夫御輿ニ付殿上人計乗物）

御下乗勅額門敷石上、

今朝二條大納言様第一ニ御参勅額門御

乗込被遊東照宮之神前拜殿之前唐門下

ニ而御輿御出御参之由、次九條様前殿下
様御参詣、此義被聞召御一之御難を被勤哉人二條様御下
輿之所迄御来込次有栖川様御成勅額門
之下ニ而可有御下輿雀之所芝淡路守伺
公御三方共ニ被召候間可入御輿之由其
儀如何と相尋処右之通申如此候間可被
召之由也、御輿も則内ニ有之由申見由ニ
付御輿入唐門之下ニ御輿居、夫ゟ御歩行
御沓備前守、刀本工頭役御内東照宮拝殿向左方左大
臣殿、次前関白殿、右方帥宮、二條大納言、左

脇庭田大納言、高野大納言、藤谷中納言、唐
戸左輿座澤修理大夫、野沢大膳大夫着座
一、中央御拝座、輿方座左大臣殿、帥宮、前関白殿、二條大納言次第
ニ奉幣還座、次勅使両人、仙洞使輿方御座之次ニ敷之奉
幣次修理大夫、大膳大夫院使ゟ一間計下座莚敷奉幣各
済后上首ゟ次第ニ御退出、
一、還御之時高家衆御出、御申渡最前少々間違
是迄御乗輿ニ候勅額門之敷石ゟ召候間御
輿可出之由依御差図御輿御四方一度ニ出之勅額門
下敷石上ニ而御乗被遊也、

一、大猷院御仏殿御下乗勅額門之敷石上ニ天
門之内也、
御焼香御一揖之由各済后上首次第御退出、
一、厳有院御仏殿右同断、
一、常憲院御仏殿右同前、
右済御宿坊凉泉院江還御近習長上下改
〈
一、御宿坊凉泉院江金弐百疋被下、御留主之僧ニ申置此義
承合如此
一、増上寺江御成上野ゟ直ニ御参詣

一、御宿坊源光院江御入、
一、御休息此所御馳走饗應之一色金森出雲守ゟ被上番人警固有
御膳二汁五菜御茶菓子、御茶、御菓子等出
御茶出雲守前ニ而被上手御供侍以上料理茶御前之
通中間以下赤飯御酒
一、増上寺方丈江綿五把被下侍使ニ而遣之、
〈
一、御供用意上野之通也、
一、剋限宜御参詣二天門之際ニ九條様前殿下
様二條様御輿下ニ置御待合此御所御成以

後依御挨拶九條様御入、次有栖川様御入、勅額門下敷石上ニ而御下輿、御歩行、御沓備前守、御内刀木工頭、御佛殿江御入、御着座之后各御入済テ御上香ゝ御焼香、還座、各済テ后次第ニ御退出、勅額門之下敷石上ニ而御乗輿、御宿坊ニ還御、各御供着用改

一、御宿坊源光院出雲守依願御目見、金弐百疋被下、承合

右相済還御、申中刻

（徳川實紀）文昭院巻五

寶永七年三月廿八日、公卿東叡三縁両山に詣らるれは、上野は蜂須賀飛騨守隆長（略。）芝は牧野駿河守忠辰、水野監物忠之をして警衛せしめられ、高家、寺社奉行、目付、徒頭等すかる。

寶永七年三月三十日

歸洛ノ期近キヲ以テ、將軍德川家宣、使者ヲ親王ノ宿所ニ遣シ、餞別トシテ白銀五百枚其ノ他ヲ贈進ス、仍リテ使者ヲ引見シ、謝詞ヲ申述ブ、

編修課

（正仁親王関東御下向日次）○高松宮家蔵

寶永七年三月晦日天晴

一上使土屋相模守、品川豊前守、午中刻伺公、依案内殿上人諸大夫金森出雲守御迎ニ出向、殿上人被案内、宮御上段中央ニ被為成、如例下段江御出有御氣色、上段御勝手方ニ被為成被招上使上段ニ伺公、御對座被聞召、萬端首尾能有御挨拶而両人被立、宮ニも御勝手ニ御入、

一被進物綿五百把、白銀五百枚、兼而縁座敷ニ

並置、綿白銀臺一荷五段、床前ニ置、
〈
一宮依其案内御成、御上段ゟ以御挨拶、上使兩人上段ニ被上、御返答被仰、次御家来迄拜領物忝思召之由被仰上、使退出、次間江御送有
一禮御入、上使退出之節送衆如最前、
一御臺様ゟ御使藤堂庄兵衛伺公
白御小袖十、繻子綸子紗綾
羽二重

〔徳川實紀〕文昭院
卷五

寶永七年三月三十日、公卿の辭見あり、御直垂召て本多伯耆守正永御先を導き、大澤右衛門督基隆御太刀をもち、本目讃岐守正房御刀をさゝげ、白木書院に出たまひ、内院はじめかた〴〵に御返詞仰せ進らせらる、賜物は(中略)有栖川正仁親王には土屋相模守政直御使し、鷹司前關白兼熙公には大久保加賀守忠増御使すともに差添の高家品川豊前守伊氏もて、との〱銀五百枚綿五百把をくらせられ家司、番員のともがらにも

賜物若干あり、(中略)御臺所よりは九條、鷹司、二條、庭田、高野に時服十づゝ、藤谷に六、徳大寺に五をくらせらる、有栖川并に知門にも時服十づゝをくらせ給ふ、

寶永七年四月二日
將軍徳川家宣ノ招請ニ依リ、濱御殿ニ赴キ、庭内ヲ遊覽ス、

正仁親王関東御下向日次　〇高松宮家蔵

宝永七年三月晦日〔三十日〕天晴、

一、上使京極大膳大夫伺公、卯半剋、来月二日濱御屋敷江御見物ニ可被為成之旨也、送迎其外御挨拶如前、

四月二日、天晴、

一、御成、五ツ半、

一、御着用御小直衣御下袴於濱御殿御三方共御指貫ニて御成故為御遊御歩行可召替之由ニて被改御指貫、

一、御供御登城之時同前、野時服澤大膳大夫、熨斗目半上下山本木

工頭、矢嶋伊与守、藤木右近将監、中川大学、小川靱負、波多野道尹右拝見、岡本采女、荒木将曹相詰有之、

第一ニ御成、御迎ニ御玄関江品川豊前守、山下総守被出、御書院江御案内、御刀諸大夫持之、御次廊下ニ伺公、

一、御馳走ニ御詰衆小笠原佐渡守、大久保加賀守、加藤越中守、

一、次九條左府様、二條大納言様、鷹司前殿下様御成、

右御揃被遊御庭江御成、各御供申、御刀持行、御先御案内品川豊前守、御跡ニ御小性衆、畠山下総守、藤棚御茶屋、中嶋御茶屋、観音堂方ゝ山道八橋海手見ル二階御茶ヤ、山上江御成、小早御船品川表通謡之座禅堂在御御茶屋田畠あせ道道通中嶋御茶屋又御入、御菓子餅、御濃茶等出、殿上人御相伴、御供衆中御勝手ニ而各御菓子御茶被下、

小早御船御池ニ罷出謡之、御茶屋廻り二三辺謡廻、次高家衆御挨拶御慰ニ御乗船可被遊之

由、有御挨拶、有栖川様、二條様御乗船、品川豊前守被乗、御刀持式人殿上人大膳大夫、備前守内匠助御供ニ参乗、二三辺御茶屋廻ル、御供舟ニ残衆乗有御挨拶御上り、

次九條様、鷹司様御乗船、御家頼被召連、畠山下総守被乗、諸事最前之通ニシテ御上り、

次又御庭一辺御歩行被成、於御殿続御茶屋御休息、夫ゟ御書院御成、夕御料理出、殿上人御相伴無之、於外座敷御供面ゝ饗応間ニ行

御料理被下、二汁七菜木具、御茶菓子、御茶、御菓子被

下、御刀持人相替

御歩行目付衆挨拶給仕人小十人、

又御庭御覽之後ニ後段蕎麦切、御供右同斷

申刻還御、御次第ニ御立御輿寄樣如御成高

家衆兩人御送也、

〔徳川實紀〕文昭院巻六

寶永七年四月二日、この日九條左大臣輔實公、鷹司前關白兼煕公、二條大納言吉忠卿を濱の御殿にて饗したまふ、有栖川正仁親王もともにみはすによりて、小笠原佐渡守長重、大久保加賀守忠増并に加藤越中守明英さきにまかり、奏者番青山播磨守幸督はじめ小姓組番頭、大目付、目付、使番、中奥小姓、同番士、桐間番頭、小十人頭各このことにあづかり、持筒頭弓頭して諸門を警衛せしめらる、さらに少老大久保長門守教寛御使にて

檜重、肴とをくらせたまふ、

寶永七年四月三日

輪王寺宮公辨親王（後西天皇皇子）ヲ訪ヒ、白讃歌集一册及ビ上皇（靈元）ヨリ拜領セル三十六歌仙色紙一包ヲ贈進ス、

正仁親王関東御下向日次 ○高松宮家蔵

宝永七年四月三日、少雨、

一、輪門様江御成ニ付、山本木工頭御先江参、厩斗目半上下、

一、被進物自讃歌一冊 清水谷中将筆 外題醍醐大納言筆

三十六人哥仙色紙一包 仙洞様ゟ御拝領之

一、御供此間之通、御輿脇矢嶋伊与守、戸田織部、荒木将曹、岡本隼人、厩斗半上下、

寶永七年四月五日

江戸ヲ發シ、歸洛ノ途ニ就ク、六日、金澤能見堂・稱名寺ヲ經テ鎌倉ニ入リ、荏柄天神社・鶴岡八幡宮ニ參詣シテ夫々寶物ヲ覽、藤澤ノ宿所ニ入ル、八日、箱根權現ニ參詣、寶物ヲ覽、十四日熱田社ニ參詣ノ後、桑名ノ宿所ニ入リ、伊勢兩宮ニ代參ヲ遣シ、江戸下向並ニ上洛ノ無事ヲ謝セシム、既ニシテ十八日、京都ニ著シ、卽日禁裏中御門・仙洞靈元其ノ他ニ參入シテ御機嫌ヲ候ス、

正仁親王関東御下向日次 ○高松宮家蔵

宝永七年四月五日、快晴、

一、表御對面所上段江御成、備前守披露、兼而御對面衆中半左衛門へ入魂申置、金森出雲守、段ゝ此間御礼有御挨拶

一、御輿紹代御乘數臺出雲守、甚右衛門、浅右衛門、山本木工頭掛有、御門迠渡辺外記、曾我藏人、今多清兵衛、神市右衛門、伊東庄左衛門、右近習挨拶、備前守同令挨拶、

一、御發駕御付届之御使山本木工頭、厩斗目半上下、

御老中六人、御側衆一人、若御老中四人、両高家衆江参、夫ゟ直ニ御旅宿ニ来、

一、品川御宿 岩田茂兵衛 御輿を被寄、

一、川崎御休、未刻御立、佐藤惣左衛門、

一、程谷御泊、申刻過御着、此辺杖突出、軽部清兵衛、

六日、天曇、

一、程谷御宿寅半刻御立、

一、御荷物乗掛等ハ今晩御泊藤澤ヘ直ニ着、矢嶋伊与守、戸田織部、御牧定右衛門、藤沢御宿

江行、

一、人馬昨晩問屋呼寄申付、御供乗物駕籠計也、
人足先達而申遣無滞
関と云在家弐里餘有、
能見堂八景を御覧有ころゟ降雨
〔称名〕正明寺、
金沢瀬戸明神
ムツラノ切通是ゟ荏柄天神迄一里半、
朝比奈切通
荏柄天神金百疋、宝物御覧

一、鎌倉雪下御休 大雨 雪下弥左衛門
一、正別当神主供僧等窺御機嫌、
一、鶴岡八幡宮江御参、依雨下陣脇方ゟ御上り
於神前御一拝 御小直衣御着 脇帖ニて宝物
御覧、
御初尾弐百疋神楽料百疋
建長寺谷々土之籠
初瀬観世音大仏
右御覧、大仏越ニ藤沢江御着、
一、藤沢御泊 申半刻御着 堀内甚右衛門

七日天晴、
一、藤沢御宿卯上刻御立、
一、馬入川渡 四町程 平岡三郎右衛門手代出、備
前守令挨拶、
一、大磯御休 巳下刻御着 石井又兵衛
一、御膳渚濱江御成、海士御覧、御宿御案内申、御
輿立御覧、海士三人入 鮑六取テ上ル 金弐百
疋被下、
一、佐川歩渡 水膝下水静四町程川廣 歩渡故御供之次第ニ
渡之、川越稲野半左衛門手代出、備前守令挨

拶、
一、ヲ小田原御泊、御着未刻過 高橋甚五右衛門
八日天晴、
一、小田原御宿卯上刻御立、
一、御旅館前番所構足軽十人捧突有町中箒手
桶両方宿入口番所給人上下 看足軽等有之、
近習令挨拶、
一、箱根権現江御参宝物御覧御初尾金百疋別
當ニて宝物御覧依之御初尾金百疋、
一、関所御通無異御供笠ヲ不着乗物馬其侭有

之也、関所下ル近習令挨拶
一、箱根御休 巳半刻御着 天野平左衛門
一、三嶋明神御参御初尾鳥目弐拾疋
鈴木三郎兵衛手代出近習令挨拶
一、ノ沼津御泊 申中刻御着 清水助左衛門
一、當宿中村九左衛門先御宿宿悪故殿上人宿
ニ申付百足遣段々献上物御宿願故
九日、天晴
一、沼津御宿寅下刻御立
一、冨士川舟渡鈴木三郎兵衛手代弐人出備前

守令挨拶
一、蒲原御休 午半刻御立 瀧経藤右衛門
一、清見寺 江御立寄御覧
一、江尻御泊 申中刻計御着 羽根半左衛門
一、三穂波荒御成無之
御舟裏入 江ニ而御月見舟弐艘道尹、尚脩一
献 両尾献上
十日、天曇夜明少雨
一、江尻御宿寅刻御立
一、府中

一、阿部川茶屋 五郎左衛門 先御宿ヤ 御輿立
一、餅献上 檜御重百足被下
一、阿部川町奉行給人水野伴右衛門出
歩渡故御輿御先次第ニ渡木工頭御跡ニ残
令挨拶
一、岡部御休 仁藤清左衛門
一、金谷御泊 申中刻過御着 柏ヤ次郎左衛門
十一日、天晴
一、金谷御宿卯上刻御立
一、掛川杖突出

松平遠江守在所故御馳走御礼使荒木将曹
上下 問屋ゟ案内申
一、袋井御休 巳中刻御着 田代八郎左衛門
一、濱松御泊 申中刻御着 梅ヤ市左衛門
十二日、天晴夜明風静也
一、濱松御宿寅下刻御立 杖突出
一、御舟 御座 牧野大学ゟ出船頭計来御供舟御
先 江遣御舟ニ召御供 御着用御小直衣 大膳
大夫、備前守、道尹、尚脩
御舟看御輿寄被召番人下ル、近習令挨拶

一、二川御休 後藤五左衛門
一、御油御泊 申中刻御着 林六郎大夫
十三日晴天
一、御油御宿寅半刻前御立
一、橋跡御覧八橋之寺 江御成、宝物御覧、鳥目三
拾疋遣之、池鯉鮒御宿御案内申、
一、池鯉鮒御休 永田清兵衛
一、熱田御泊 申下刻御着 小出太兵衛
十四日天晴
一、熱田御宿卯上刻御立 杖突町中如昨日

一、熱田 江御参詣、八剱社 鳥目十疋 本社 金百疋
御神楽 鳥目十疋
一、万場渡葵紋天幕御舟御輿共ニ入、御供御長
刀備前守御舟ニ乗、各御供御先 江越待
所奉行太田五郎左衛門、同次郎兵衛出、木工
頭令挨拶、
一、カモリ給人水野文七出、近習挨拶、
一、佐屋御休 巳下刻 名間権右衛門
一、尾張ゟ御馳走舟出、奉行長屋六左衛門、
御舟目録

覚
一、御乗御座船 壱艘
一、御乗替小早船 壱艘
一、御供御座船 壱艘
一、御臺所船 壱艘
以上
四月 長屋六左衛門
佐屋奉行大崎半兵衛、同大代官佐田源助、五
十人目付鳥居伴大夫、右御本陣伺公、木工頭
挨拶ニテ帰ス、

一、午刻御乗船 小越屋形舟ニ間有 御舟不寄故
召替ル御船ニ乗分、御長刀、御挟箱、御茶、弁当
木工頭、備前守、上下、殿上人 上下、右近将監、大
學、織部、将曹、隼人、羽織、野袴
一、御舟出、其侭猟船御舟之左右ニ弐艘付来所
々唐網打之、長屋六左衛門無急之間於廣川
所大網引セ可入御覧之由申越、両度御舟留
引之、則猟之由ニ而大鱸二三本、大鮒四五枚
其外桶ニ入献上、
一、半道計此方ニて御座船居ル、増山殿使者見

付則人足ニ下知シテ人足七八十計川ニ入
御舟押出、依之使者舟江御使半右衛門遣、唯
今ハ御舟居ル所早速人足出被押出御大儀
ニ候、依之人足共ニ御酒可給之由ニて白銀
壱枚遣之、御使江も金弐百疋被下之、御礼申、
夫ゟ人足引入ル也、
一、桑名御泊、未半刻御着、川崎ヤ善九衛門
一、御輿寄被召御宿江御成、此時長屋六左衛門舟場ニ有之備前守
披露令挨拶御口上も有之間待可給之由申付御宿江可遂御機嫌之由申、各御
供仕御旅館ニ御着、

一、伊勢両宮江御代参被仰付、此度関東上下御
機嫌能首尾能御上洛御成就御礼御祈禱藤
田長大夫江被仰付、両宮御初尾弐百疋、書状
相添遣、御板水口御宿江可令着之由契約、飛
脚代金三百疋遣、
十五日、天晴、
一、桑名御宿卯上刻御立、
一、町屋川迄杖突出、
一、庄野御休、柳ヤ兵左衛門
一、亀山無異事、

書陵部（三号）

一、野尻茶屋御輿立、奈良茶御休ニて令用意野尻分上ル御宿勝次
郎、親康喜安御迎此御茶屋江参、
一、関御泊、申中刻御着、伊藤平兵衛
十六日、天曇晴、
一、関御宿卯上刻御立、
一、田村明神江御参、青銅弐拾疋
一、土山御休、土山喜左衛門
一、水口御泊、未刻御着、鵜飼傳左衛門
十七日、天曇、
一、水口御宿寅刻御立、

書陵部（三号）

一、草津御休、辰下刻降雨、田中七左衛門
一、勢多中嶋御輿立、
東御門跡ゟ御迎歩行三人此所迄来、
一、石場御輿立、雨天故早々出、
一、大津御泊、巳刻計御着、巳刻ゟ降雨、風、播磨ヤ市
右衛門
一、禁裏様御使町口越中守、待請有之、御口上御
対面ニ御請被仰上、御料理被下、金弐百疋今
晩上京、
十八日、天曇、

書陵部（三号）

一、大津御宿卯上刻御立、
一、杖突弐人出、
一、奴茶屋御輿入、御小直衣御着用
一、伏見様御使中大路左近御返事備前守申
出、
一、御上着巳上刻計、
一、御待請淑宮様御成、新女院様ゟ坂田其外有
梅小路中納言殿外山宰相殿桑原三位殿高
倉権佐殿伏長老右御料理出外山左衛門権
佐殿

一、伏原三位殿清閑寺辨殿御参賀、
一、松平紀伊守江御使矢嶋伊豫守、御上着之御
付届、庭田大納言殿高野大納言殿江御使同
人、
一、松平紀伊守江御使木工頭御朱印弐通共持
参之所、用人市川弥五左衛門對談御朱印者
町奉行衆へ被申合候間可令持参之由也、松
平紀伊守江戸下向之留主也
又御使御家頼御目見等御礼申入、
一、町奉行中根攝津守月番ニ付右弐通持参被
對談直ニ請取被申、御使木工頭、
一、両傳奏衆江参御家来御目見拜領物之御礼
御朱印并舟川渡證文攝津守殿へ相渡候由
申参、木工頭
一、中宮様江何角御礼寛御機嫌御使藤木右近
将監、
一、禁裏様仙洞様女院様新女院様江大准后様
江御上着被寛御機嫌御参、
一、新女院様ゟ御上洛御祝儀鱧一折弐御使荒
木對馬守、

梅小路中納言殿ゟ生鯛一折
淑宮様ゟ生鯛一折ニ井籠二組
東御門跡ゟ生鯛一折弐
一、女院様大准后様ゟ御上洛御悦使
一、霊鑑寺様賢宮様ゟ御待請御使
一、宝鏡寺様ゟ中務卿御待請ニ被進、
関東御下向上下表向記懐中之日次相勘
集而記之畢
寶永七年六月廿八日　備前守平貞玄、

〔有栖川宮日記〕○高松宮家蔵

宝永七年四月九日、甲辰天晴

一、今日申剋関東飛脚到来去ル三日之日付書状也、當月五日彼地御發駕被遊、十八日ニ京御着之由申来ル、大津十七日御泊也、御書来

唯今御上洛ニ付テ也、

十五日、庚戌天晴

一、道中濱松之御宿ゟ飛札到来十一日之書状也、

十八日、癸丑天陰

一、巳剋御着

一、新女院様ヘ御上京ニ付御使被進藤木右近將監

一、新女院様ゟ御上京之為御祝義鱧一折ニ被進

御使荒木對馬守

一、禁裏様仙洞様女院様新女院大准后様ヘ御成

〔徳川實紀〕文昭院 巻六

寶永七年四月五日この日有栖川正仁親王歸洛の發輿あり。

寶永七年四月二十八日

東山天皇ノ御遺品トシテ硯・文臺ヲ拜領ス、

（有栖川宮家司日記）○高松宮家蔵

宝永七年四月廿八日、天晴曇、

一、東山院様御遺物御硯文臺被進、御使外山左衛門権佐殿御出、御對面、傳奏衆ヘ御請被仰入、

寶永七年七月七日

丹波國歌谷村山王權現ニ幸仁親王筆ノ山字ヲ寄進ス、

（有栖川宮家司日記）○高松宮家蔵

宝永七年七月九日、天晴、

一、山字本空院様御筆丹波水上郷歌（谷）村正一位山王権現神主ヘ寄進、

其狀

山字〔後西院第二皇子故一品式部卿幸仁親王御筆〕

右件物者

正一位山王権現神主和泉守藤原某貴皇子願奉拜親王尊顔、因茲知其神徳仰之是幸ニ神号之字也、仍寄進也、

宝永七年七月七日　従四位下平貞玄

如此書付添而遣之、

寶永七年八月五日

八代集抄及ビ湖月鈔ノ學習ヲ始ム、

〔有栖川宮家司日記〕○高松宮家蔵

宝永七年八月五日、天晴、

一、八代集抄・湖月鈔御用ニ付取寄上ル、大分頼物簡略之節ナレトモ御稽古之為故差上ル、依之綿廿把為料、

寶永七年八月二十六日

前将軍徳川綱吉ノ養女竹姫(権大納言清閑寺熈定女)トノ縁約成ル、仍リテ是ノ日、御禮ノ為参内(中御門)、御参院(霊元)ス、尋イデ閏八月三日、将軍家ニ御禮ノ使ヲ差遣ス、

御結納御使之記　高松宮家蔵

寶永七年寅八月七日

一庭田大納言殿／諸大夫壹人可参之由御使来、早速矢嶋備前守参、以水嶋右近御申出御用御取込故御逢無之候、此書付之通松平紀伊守殿／被寵ニ付今日及御沙汰候、有栖川様思召之義可被仰下之由也、

竹姫君御事御由緒茂有之候付有栖川殿江御入輿候様ニと思召候、禁裏仙洞無御別條有栖川殿ニも可為御同心候哉被相伺之可刻申越候、其上ニ而可被仰出由ニ御座候以上

右之通貞玄承、此御返事之儀相尋處、今晩者夜更可申候、明辰刻前可被仰下之由也、

八日

一庭田大納言殿ヘ矢嶋備前守参、以水嶋右近御口上申入、昨晩以御書付被仰入候義、御念入候御事御喜悦ニ思召候、禁裏様仙洞様ヘハ昨日御窺候處、御別條有間敷由被仰出候通被聞召候ヘハ、此方ノ御窺ニも無御座候、御書付之通御同心ニ而御領掌ニ御座候由、則以書付被仰入候由申述、

奉書紙折紙ニ「

竹姫君様御事有栖川殿江御入輿候様ニと思召之旨御内意之趣忝思召候、如何様共宜様ニ頼思召候以上

八月七日

御返事右申入候處、御同心ニ御領掌之由承知仕候由也、

廿六日

一庭田大納言殿／諸大夫壹人可参之由未中申来、則矢嶋備前守参、多田弾正水嶋右近被申渡、御奉書式通見セ被申

竹姫君様御事有栖川殿江御縁組被仰出候間、禁裏仙洞江被申上之、有栖川殿ヘも可被達候旨、傳奏衆迄可被申入候、恐々謹言、

八月廿一日　井上河内守

大久保加賀守

本多伯耆守

秋元但馬守

松平紀伊守殿　土屋相模守

右之子本紙添被出拝見子斗被渡之、関東江御
礼使先御差下可然シテ尚此段両傳ゟ被申入
候通松平紀伊守殿ヘ被仰遣可然之由也、（中略）
右之通被帰申上
一右被聞召忝思召候由之御使藤木右近〔馬〕権頭庭
田大納言殿ヘ参其節被申聞ハ、二條江御使之
節関東江御礼使何時分発足可然候哉可相尋
候由也、高野大納言殿江ト御口上同前、
一松平紀伊守殿ヘ御使矢嶋備前守参、先時節之
御口上申述、唯今両傳ゟ被申入候竹姫君様有
栖川殿江御縁組被仰出候御奉書之趣被聞召
御大悦ニ思召候、依之以御使被仰入候、
一禁裏様仙洞様女院様大准后様新女院様江御
参、酉刻還御、
関東ゟ竹姫君此方ヘ可為縁組之由両傳ゟ
被申渡御大悦ニ思召候、及御沙汰之由故為
御礼参之由被仰置、

（御結納御使之記）　高松宮家蔵
寶永七年八月廿七日
一両傳江御使藤木右馬権頭
今度関東江之御礼使来三日発足仕候様ニ則
下野守被仰付候、且又御音物可有御座候哉、其
段御相談之由申参、御音物之儀ハ松平紀伊守
殿ヘ可相尋候間明朝口上書可越之由也、
閏八月三日
一関東江御縁組之御礼使藤木下野守卯上刻発
足、
一禁裏様ゟ御縁組御祝義以女房奉書生鯛一折
被進、
五日
一禁裏様江鱧一折ニ御献上、此方ヘ御拝領故被
献、
六日
一仙洞様ゟ御縁組為御祝生鯛一折ニ以女房奉
書被進、

七日
一仙洞様江生鯛一折ニ被献、此方江御拝領故被
献、

〔中御門天皇勅諚書案〕○東山御文庫本 一六三番ノ五七ノ一五
○四通ノ中
（二）
竹姫君御事御由緒茂有之候間有栖川殿江御入
輿候様被思召候、禁裏仙洞思召御別條無之、有栖
川殿ニ茂可為御同心候哉、相伺之可申越候、其上
ニ而可被仰出由ニ御座候、以上、
（宝永七年）八月

〔御日記〕
宝永七年八月十九日、竹姫君様御事有栖川殿江
御縁組被仰出候旨、布衣以上在合之面々江老中
被傳之、
一竹姫君様御事有栖川殿江御縁組今日被仰出
候、為御祝儀国持衆始万石以上之面々今日中
月番之老中間部越前守ヘ可被相越候、隠居并
幼少病氣之面々ハ右両所ヘ被差越使者候様ニ
可被相觸候、
閏八月十五日、縁組被仰出候為御礼有栖川宮使

者木下下野守被差上、

〔有栖川宮家司日記〕○高松宮家蔵

宝永五年八月廿五日、天晴、

一、北御部やヘ御文小少将ゟ参、此度竹姫様御養子御縁組之御悦鰑一箱被遣、右馬権頭豊前ゟ書状斗ニて御悦申上、右今度溝井求馬殿下ニ付頼遣、

〔有栖川宮家司日記〕○高松宮家蔵

宝永六年十月廿四日、天曇、

一、小少将殿御申竹姫様之義、公方様御愛子之由被聞合様子ニお妻殿御物語之由也、依之其義中宮様ヘ被申参、

廿五日、天晴曇、

一、宝鏡寺様ヘ小少将方伺公、

昨日中宮様ヘ被申上処、新院様ヘ則被窺候処、将軍御妹分ニ候ハヽ成程可然思召之由也、此義弥御頼之由被申参御對面委被申上、前々之通御文再々通也、お妻殿ゟ被申出躰相聞、

〔徳川實紀〕○国史大系所収

寶永五年七月廿五日、清閑寺中納言凞定〔前大納言寶永四年正月十日薨〕卿息女竹姫の方を養はせ給ひ松平肥後守正容の長子久千代正邦に定婚の事仰出さる、これは大典侍の局の姪にておはしければ、御臺所殊更申こはせ給ふによりてとぞ聞えし、

九月廿七日、清閑寺左少辨治房より竹姫君御養女を謝して銀馬代紗綾五巻捧げ、大納言殿へ銀馬代紗綾三巻、御臺所へ紗綾三巻干鯛一箱、簾中御方へ紗綾二巻干鯛一箱奉る、

十二月廿六日、ゝゝ日松平肥後守正容長子久千代正邦卒せり、

〔徳川家系譜〕

綱吉

女子

某

家宣

養女

同

同

同　竹姫

實清閑寺中納言凞定女

松平久千代正邦室

後有栖川中務卿有仁親王江入輿（王）

後松平大隅守継豊室

〔幕府祚胤譜略〕二

○綱吉公

御養女　竹姫君　壽光院姪

清閑寺前権大納言凞定卿女

○宝永五戊子七、十五松平久千代正邦〈ト〉〈肥後守嫡子、〉縁組○十二月久千代就卒去無入輿、

○同七庚寅八、十九有栖川正仁親王〈ト〉御再縁組○十一、二結納被為請

○享保元丙申九、廿四親王薨去無入輿、

○同十四己酉六、四松平大隅守継豊〈ト〉御縁組、

○十二、十一、入輿
○宝暦十庚辰十、廿九、依継豊卒去、落飾称浄岸院殿
○安永元壬辰十二、五、逝去、葬送薩州鹿児島、福昌寺
浄岸院信誉清仁祐光大禅定尼、

寶永七年閏八月五日
生田英全ヲ召シ、論語ノ講釋ヲ始メシム、

（有栖川宮家司日記）○高松宮家蔵
宝永七年閏八月五日天晴
一論語御講尺始、生田英全、
十日雨天
一論語御講尺英全伺公、
廿日天晴
一論語御講尺英全伺公、
廿五日天晴
一論語御講尺英全伺公、
廿九日天晴曇

一論語御講尺英全伺公、
○是歳九月五・十一・十五・二十・二十五・三十日、十月五・十・二十・二十五・三十日、十二月五・十・十八・二十日
ノ条ニ見ユ、

寶永七年閏八月八日

生田英全ヲ召シ、三體詩ノ講釋ヲ始メシム、

編修課

〔有栖川宮家司日記〕○高松宮家蔵

宝永七年閏八月八日少雨

一三躰詩御講尺英全、

十三日天晴

一三躰詩御講讀英全伺公、

十八日天晴

一三躰詩御講尺英全伺公、

廿三日

一三躰詩御講尺英全伺公、

廿八日

書陵部（三号）

一三躰詩御講尺英全伺公

○是歳九月三、八、十三、十八、二十三、二十八日、十月三、八日、十二月三日條略

書陵部（三号）

寶永七年九月十三日

稽古ノ爲、内々和歌會ヲ催ス、

編修課

（有栖川宮家司日記）○高松宮家蔵

寛永七年九月十三日、天晴、
一、中院大納言殿、武者小路宰相殿、清水谷中将殿兼而被仰談御稽古御内會ニ付午剋御出、上下躰也、宮御烏帽子御袴、
題中院殿御硯蓋ニ被盛
北方宮南方中院殿武者小路殿敷居外、清水谷中将殿大膳大夫、
御題成宗常躰持参、巻頭有御挨拶、宮御取被遊其後次第ニ取被申二首宛大膳大夫武者小路中将殿一首宛、武者小路中将殿不参御所ヘ被遣、次重硯成宗、次杉原一帖持参御思案御菓子出、夕御膳出一汁五菜御酒三辺御茶、次ニ詠草御認清水谷中将各一所ニ仙洞様ヘ持参シテ被窺、昨晩清水谷殿ヘ仰之由也、次御退出、

寛永七年九月二十三日

邸地ノ東南部ヲ新女院承秋門院（幸子女王）ニ贈進ス、

編修課

（有栖川宮家司日記）○高松宮家蔵

寛永七年九月廿三日、天晴曇、
一、新女院様ヘ御屋敷東二間半南廿六間被進之由也、

寶永七年九月二十八日
伏原宣通ヲ召シ、職抄ノ講釋ヲ聽聞ス、十月四日、
又此ノ事アリ、

〔有栖川宮家司日記〕○高松宮家藏
宝永七年九月廿八日、天晴、
一、伏原殿酉中剋御出、職原抄御講讀、面々衆及御
誓状可令拜聽之由也、
十月四日、天晴、
一、伏原殿御出、職原抄御講讀、酉剋御夜食出、亥剋
御歸、
職神宝之所ハ諒闇服着用之内故、令遠慮之由
也、

寶永七年十一月二日
結納使ヲ差遣ス、是ノ日、使者江戸城ニ登リ、前將
軍徳川綱吉ノ養女竹姫ニ結納ノ品ヲ傳達ス、

〔御結納御使之記〕○高松宮家藏
寶永七年十月十二日天曇申刻斗亦降
一兩傳奏衆江明日御使被下候御届之書付為持
遣御使武衞門、
覺
今度有栖川殿ゟ関東江御結納之為御使矢
嶋備前守中川大学明十三日京都發足仕候
江戸逗留之程難斗候間罷登候節御届可申
入候、以上、
十月十二日

有栖川殿御内

庭田大納言様御内
藤木下野守

──殿

──殿

高野大納言様御内

──殿

──殿

十三日卯上刻日出發駕

御進物

一御長持　雨皮菊御紋人足弐人持

立札　○有栖川殿御荷物

廿四日天晴

一品川宿未中刻着、

一逗留宿呉服橋壹町目後藤縫殿助屋敷脇長屋之内、

酉中刻江戸着、

廿五日天晴

一品川豊前守殿江矢嶋備前守中川大学参申入

書付持参、腰明熨斗目半上下、

御口上、此度御結納御使萬端宜様ニ御取持頼

思召之由、

一書付一通

覺

一公方様江御進献

御太刀　一腰

御馬代　黄金十両

紗綾　十巻

昆布　一箱

鯣　一箱

干鯛　一箱

御樽　三荷

一御臺様江

紗綾紅白十巻

昆布　一箱

鯣　一箱

干鯛　一箱

御樽　弐荷

一竹姫君様江

御小袖紅梅白練十重

昆布　一折廿把

鯣　一折廿連

鰤　一折廿連
塩鯛　一折廿枚
白鳥　一折ニ羽
御樽　五荷
十一月二日天晴
一卯半刻御城江参着、
両使着用子持筋嘉珍熨斗目袷、子持筋嘉珍長
上下、
一両使登城、殿上之南間ニ相待茶道出申ニ付参
之由両高家衆ヘ申入御出有、御挨拶（略・中）

書陵部（三号）

御進物後藤手代つミ立御徒衆江渡、大廣間江
持運、公方様御祝義物御臺様御祝義物柳之間
縁側ニ入置、竹姫君様御祝義物大廣間ニ置、
一大廣間ニ案内待居、
一巳中刻杖元但馬守大廣間ニ出座、能登守案内
ニ而両使出御口上備前守申述、
竹姫君様江御結納之御祝儀千秋万歳幾久
と祝思召候、依之御祝義御目録之通被進之
候、
右御口上申有挨拶退、

書陵部（三号）

一御目附阿野勘衛門朽木弥五左衛門案内ニて
孔雀杉戸際ニ待、
又夫ゟ黒書院竹縁廊下前溜間波之繪之間江
参、
夫ゟ黒書院廊下ニ待、御詰衆有之脇指撤置
此時豊前守能登守長上下ニ而出合同道溜間
ニ待、
出御、〉御進物紗綾御馬代出御太刀目録能
登守持参シテ退畦備前守御前ニ出能登守
披露有栖川殿使者ゝ斗、

書陵部（三号）

河内守被申述今度御結納御祝義ト被申御
礼申本之所ニ退居、
御奏者番
次松平宮内少輔備前守献上之御太刀目録持
参披露矢嶋備前守御礼申退、
御奏者番
次土井山城守大学献上之御太刀目録持参披
露有栖川殿副使者中川大学御礼申退、
右済右柳之間江同道、
一柳之間御吸物御酒被下給仕御進物番、
豊前守依差図床脇ニ座、
御吸物鯣ノヒレ木具足打赤椀

書陵部（三号）

土器一枚　木具足打
右之通面々居
御酒錫　肴無之
依挨拶御吸物給御酒一献宛給御銚引入
次御老中四人御出席之時両使座ヲ退座挨拶
今日　肴　千秋万歳目出度候一献可被下之由
豊前守挨拶段々忝被存之由両人一礼申、
各御入、
次豊前守以挨拶又ニ献被下御酒入膳取入次
之間ニ退出、

一秋元但馬守柳之間ニ出座、大廣間之方ヘ備前
守出能登守挨拶有之、
御刀松平宮内少輔持出、備前守被下請取、取直
シテ頂戴シテ退出、次之間小サ刀撤拝領御
刀帯出而御礼申、能登守有挨拶、次間ニ退出、
次土井山城守出座大学出能登守挨拶有之、時
服五　廣蓋居　持出山城守取テ被下請取令頂
戴退出、
次両人一度ニ出而御礼申、能登守挨拶有、
此時御腰物奉行袋持出ヲ給御刀入坊主衆請

取箱ニ入折紙箱入、黄金十枚　折紙　備前国景秀御刀
後藤手代ニ渡請取帰、
一柳間ニ御留主居番松平主計頭出座能登守以挨拶備前守
大学出御臺様江之御祝義御口上備前守申述
退而又壽光院殿江之御口上申以女中御口上
可相違之由也、夫ヘ豊前守殿能登守殿江一礼
申退出、
一京都江書状以今日首尾能相務之由申遣、
六日晴天
一未刻江戸発足、村井七郎兵衛残置諸事仕廻渡

品川宿ニ来、
十八日天晴
一辰半刻京着両人共ニ相勤候通子持筋熨斗目
長上下着御口上并申上御口祝被下、備前守拝
領御刀入御覧、
一御両傳江上京之御届、
覚
今度御結納為御祝義使矢嶋備前守中川大
学被指下候処首尾能相勤、今月六日東武発
足仕今日上京仕候、為御届如此ニ御座候、以

上、

有栖川殿御内

十一月十八日　藤木下野守

庭田大納言様御内

――殿

――殿

高野大納言様御内

――殿

――殿

御結納御使之記　・高松宮家蔵

寶永七年十一月六日

一 山口安房守ゟ申来、下野守参對シテ被申聞、此度御結納之御使去二日依吉日両使御前江被召出御祝義首尾能相濟奉恐悦候、松平紀伊守ゟ申来候書付則入御覽候、尤伺公可申上候へ共、御次飛脚之御用ニ付先早可申上と存如此ニ候、猶明日伺公可申上之由、

今月二日就吉辰竹姫君様江従有栖川殿御結納之御祝儀被進候、則両使御前江被召出

之萬端首尾能相濟、其後両使江御吸物御酒被下、矢嶋備前守、御刀中川大学江時服五拜領被仰付候旨申来、誠目出度御事候、此段有栖川殿江可被申上候、以上、

十一月六日　松平紀伊守

山口安房守殿

追而明七日晝時以後有栖川殿へ爲御悦可致参上候、猶明日可申談候、以上、

七日晴天

一 内侍所江御鈴料百疋、御結納首尾能相濟候ニ

付也、

一 松平紀伊守江御使藤木下野守、御結納首尾能相濟候御祝儀、

御太刀銀馬代縮緬三巻鰑一箱御樽一荷

被遣之、

御老中ハ御太刀銀馬代箱肴斗被遣候へ共、此度諸事御取持故如此、

山口安房守へ右御祝義

緞子一巻生鯛一折ニ御使下野守

右同断

一外山宰相殿巳下刻御出、松平紀伊守伺公、御取
持、
一山口安房守未后刻伺公、松平紀伊守伺公、待合、
一松平紀伊守ゟ御祝義被上、
　御太刀銀馬代
　昆布一箱干鯛一箱
一松平紀伊守申刻斗伺公、御祝義被申上、安房守
同道御書院ヘ被通、御口上承申入、追付可有御
對面由申、
　赤飯足打　安房守相伴平折敷

　御吸物御酒　陪膳近習
外山宰相殿膳不出御挨拶
　御菓子餅出御茶出
帥宮御對面、外山宰相御挨拶、
　御口祝被下
次御盃御陪膳大膳大夫狩衣
紀伊守江御盃被下御杓近習賛
　大膳大夫御盃被納
　山口安房守御口祝斗被下
宮御入被遊申下刻退出、

諸大夫近習熨斗目半上下
一山口安房守重而於御書院外山殿御挨拶、御酒
御吸物御料理出、早々退出、

「正仁親王御結納関東下向記」○高松宮家蔵
（内題）
「宝永七年十月御結納使関東下向の日記　和歌詩作貞臣」
十月廿四日江府に着、廿五日高家織田能登守品
川豊前守ヘ令通達て登城の進退進上品相定、朔
日八双方御徳日に依て翌日二日各別に被相催
兼日ニ被觸参勤の諸大夫もろ〳〵の役可被相
詰之由也、
十一月二日、天晴、卯剋、矢嶋備前守、中川大学登城
す、（○中略）進物諸具調進家輩持参して徒士これを
受取所々ニ並置於大廣間縁側先高家両人江對

殿上間ノ次間例之茶道役之次於大廣間（君へ御進物並置）奏者
番大目附品川豊前守次間に列座秋元但馬守（老中）着
座有之織田能登守（熨斗目長上下）令案内両使すゝミ披
露之、矢嶋備前守事の由を申延而次間退
其後於黒書院老中若年寄例之詰衆大名奏者番
目附其外役人相詰、
大樹公御出座御太刀馬紗綾持参被並置て能登
守案内して備前守出、有栖川殿御使と能登守披
露、井上（老中）河内守御結納御使之旨を被申而御礼申
次間に退居、以松平（奏者番）宮内少輔備前守（献上）御太刀目録

を持出差置退而矢嶋備前守と披露御礼申而次
間退居、次以土井山城守（奏者番）大学（献上）御太刀目録持出差
置退而添使中川大学と披露御礼申退居、其後（於）柳
之間三献の饗有、配膳進物番両使一献之時土屋（老中）
相模守、大久保（老中）加賀守、本多伯耆守、井上（老中）河内守出
席有て一献可被祝の由すゝめ有て各退入申さ
る、次ニ品川豊前守依挨拶二献加之事済て次間
に出る、其後又柳之間に於て秋元（老中）但馬守出座、能
登守案内備前守出、以松平（奏者番）宮内少輔御刀（備前国景秀）
拝領之有其礼節て退、次能登守依案内大学出以

土井山城守（奏者番）時服五（廣蓋）拝領之有一礼退次間、其後（於）柳
間松平（御留守居）主計頭出座御臺御方進物並置能登守依
挨拶両使出令旨の趣備前守申延寿光院方への
口上如前、女中への被下物ハ調進家之者中の口
といふ所にて内ミ渡之、両使能登守へ令挨拶有
礼節下城す、
三日ハ三家老中高家へ之使養仙院御方松姫君
御方大閤御方輪王寺宮、矢嶋備前守務
四日、兼日依案内両使登城す（略装）於柳之間秋（老中）元
但馬守出座、能登守依案内両使出、但馬守被申、此

度御結納嘉義以御使之趣有御受納御喜悦幾久
被祝之由被申延、能登守有挨拶の後以土（奏者）井山城
守時服三并白かね三百両備前守拝領、次に以土
井山城守白かね三百両大学拝領両使御礼を申
退次間に有、次於柳之間松平（御留守居番）主計頭出座能登守
依挨拶両使出御臺御方御受納幾久被祝之由主
計頭被申延、承之、壽光院方も同事、次時服一重并
白かね百両備前守賜之、次白かね百両大学賜る、
両使御礼申述、能登守豊前守へ有礼節則下城す、

〔正仁親王御結納関東下向記〕○高松宮家蔵

〔内題〕

宝永七年十月御結納使関東下向の日記　和哥詩作　貞主

十一月六日、天晴、未の剋、江府を立、品川の泊に着、調進方の一両輩わり籠さゝえなと持ておくり来ぬ、一献祝し賜なとしてかへす、（中略）あくる十八日、天晴、八聲の鳥もおそしと立出て夜もほのゝゝと明わたる世にをもすき、日もさし出る山の端を見て都につく、

〔御日記〕

宝永七年十一月二日、今日有栖川殿ゟ御結納之使者被差上参向服紗小袖麻上下、有栖川殿ゟ被差上候品々

公方様江　金馬代　紗綾十巻　三種三荷

御臺様江　紗綾十巻　三種三荷

竹姫君様江　御小袖十　五種五荷

有栖川殿使者本使矢嶋備前守、添使中川大学、於黒書院御目見、以後於柳之間御吸物御酒被下之、并而御刀景秀代金拾枚矢嶋備前守時服五中川大学右為御祝儀拝領物被仰付候、老中列座、井上河内守傳達之、

寶永八年正月一日

眉拭ノ儀ヲ行フ、先例ニ依リ、十八歳ノ正月元日ヲ以テ行フナリ、

〔有栖川宮日記〕○高松宮家蔵

宝永八年正月元日庚寅雪、

一御眉之事旧冬御沙汰候ニ付、今朝ゟ被為拭也

御代々如御例、御十八才也、

一京極様ニ者御十八才故其沙汰無之候

一東山院様御眉拭者申所三月二日ニ被遊

御祝義被上、

一諸家之儀御聞之処万里小路殿被申之由

十八才之元日ニ取申候則以職事被申上

之由也、宮方之儀如何候哉之由御申旨、

一廿五日、新女院様へ御成、御眉之事大典侍殿ゟ

三月ニて有之様ニ御覚之由、此方ニ者故式部

卿宮之儀被聞召、其通ニ被仰入候、何レ可然候

哉、仙洞様へ御窺可被進之由被仰入、

〔有栖川宮家諸祝儀次第書〕○高松宮家蔵

（包紙）「御祝儀書類」

（外題）「帥宮御十八才

御眉被為拭事」

御眉之事

一宝永七年十二月廿四日新女院様迄先御所之

御例ニ被仰之処、則大典侍殿へ被仰達御相談

ニ成候へハ、御眉被為拭事ハ三月かと御覚ニ

成候外も御聞合被遊候哉、且又故式部卿宮様

御例も御座候故被仰候哉之由申来之旨新女

院様ゟ申参、従是可被仰之由申参、

一廿六日新女院様へ被仰進御使備前守、御眉之

事以坂田申上、

一京極様伏見様御歳十八才ニて御元服故

御眉之沙汰無御座候、

一八条弾正尹様御歳十六才ニ而御元服、御

十八才正月ゟ被拭候と書留有之由、御日

限不分明候、尾崎左衛門尉ゟ申来、

右之通申述、正月之御例も御座候、式部卿宮様

も御十八才正月ニ候へハ其節之御奉書之通

今ちともと思召候へ共、ちか比はその御望多

候由御文言等候へハ三月と申事有之と相聞
候間大典侍殿迄被仰宜様ニ頼思召候由被仰
進御願之旨申入其上當宮様御ふけ不被遊御
□合不被成候と申存も無御座候間三月まて
と被仰出候へハ弥其御通ニ候諸家ハ必職事
を以被申上十八才正月元日ニ被拭候由ニ候
へハ、宮様との御品違候哉と申御返事明日歳
暮之御使被進候間其節可被仰進之由也、
一廿七日大典侍殿御返事来此方へ被進前く何
かも三月ニて御座候へ共近比ハ春早々御拭

ニ御座候御例之通春早々ニ御拭被遊候哉ニ
月と思召候ハヽ尚又さやうに可被仰出候由
也、弥春早々御拭可被遊之由也、
右之御礼故式部卿宮様ゟハ御使ニて被仰候
へ共、此度者女房奉書ニて御礼可被仰上候、如
何候哉之由備前申上處御尤之由也、
一廿八日新女院様ゟ御眉之事長橋殿迄御窺之
處被仰出御傳奉書、
文のやう披露申入まいらせ候誠にことの
外ひゑまいらせ候へとも弥新女院御所様

御機嫌よくおハしまし候由きゝしめされ
めて度思召候ゝなたにも弥御きけんよく
ならせられ候まゝ御心やすく覚しめし候
やうに申せとて候、扨はそちの宮御まゆの
御事今ちと御さたニてもと覚しめし候へ
共、此比はいつかたもその御のそミニてお
ハしまし候まゝ御心したいによく候ハん
よし心え候て申せとて候とのよしいらへ
まいらせられ候へく候めでたくかしく、
御返事　ゟ

山小路殿
冨小路殿
まいる申給へ
一長橋殿へ御眉御拭被遊候やうニとの御礼先
例御使候へ共、此度者御返事御望其上親王方
御内くの事故文可然に成、
帥宮御まゆの御事御入られ候へ共今ちとも
とハ思召候へ共此比はいつかたもその御
のそミニておハしまし候まゝ御心したい
に覚しめし候よし新女院様ゟ御つたへま

いらせられ候、かたしけなく覚しめし候、御
れいの御事能〻御心得候てひろう候やう
に心得候て申せとて候、かしく、
〆 勾當内侍殿 ゟ
御方へ まいる申給へ
右よろしき小高壹枚に散書認之竪文也、横御
文箱入て御使大学持参、
御返事
文のやう披露申入まいらせ候、弥御無事ニ
おはしまし候由きこしめされめて度御は
しめし候、さてハそちの宮御まゆの御事御
念入御札仰まいらせられ候、数〻めて度御
まんそくに覚しめし候よし能〻心得候て
申せとて候、此よし御心も候て御申入候へ
く候かしく、
〆 御返事 誰ニてもの
御方へ
まいらせ候
一寶永八年正月九日御眉被為拭わけての御祝
義無之、御十八才也、

寶永八年正月三十日
仙洞靈元ノ當座和歌御會ノ御人數ニ加ヘラレタ
ルヲ以テ、是ノ日、参院シテ和歌御會ニ列ス、七日、
又當座御會ニ出座ス、

〔有栖川宮日記〕〇高松宮家蔵
宝永八年正月晦日（三十）
一、辰半剋仙洞様御當座始而御成、酉下剋還御、
二月朔日、庚申、自今曉大雨、卯剋止、晴、曇時〻雨下、亥剋地震、
一、仙洞様へ右之御祝儀昨日御當座御會御人數
被召加候ニ付、生肴一種被上、右御使山本木工
頭、
七日、丙寅、天晴曇、
一、午下剋御参院、和哥御當座御出座、酉剋還御、

〔院中番衆所日記〕
寶永八年正月廿日、晴、今日有和歌當座御會、二十首、依之出御于小御所、先御製飾宸内大臣、園大納言、前新源大納言、（○中略）題者飛鳥井中納言、奉行藤谷三位、
二月七日、晴陰、晩景雨下、有和歌當座御會、二十首、出御于御書院、御製飾宸内大臣、中院前大納言、（○中略）題者左衛門督、奉行飛鳥井中納言、

寶永八年二月三日
生田英全ヲ召シ、三體詩ノ講釋ヲ聽聞ス、

〔有栖川宮日記〕○高松宮家蔵
寶永八年二月三日、壬戌、天晴、
一三體詩御講談、生田英全参上、（○是歳二月十三、二十三日、三月八、十三、二十三、二十八日、四月三、十三、十八、二十三日、五月三、八日、七月八、二十八日、八月三、八、十四、二十、二十三、二十八日、九月三、八、十三、二十八日、十月三、八、十三、十八、二十三、二十八日、十一月八、十八、二十八日、十二月三、十三日條略、）

寶永八年二月十日
生田英全ヲ召シ、論語ノ講釋ヲ聽聞ス、

〔有栖川宮日記〕○高松宮家蔵
宝永八年二月十日己巳、天曇
一論語御講談生田英全伺公、
○是歳二月十五・三十日、三月十五・二十・二十五・三十日、四月十・十五日、五月十・十五日、七月十日、八月五・十・十五・二十五日、九月十・二十五日、十月五・十・十五・十八・二十二・二十七日、十一月七・十二・十七・二十七日、十二月二十二日除略、

正徳元年五月二十九日
藤原共子清閑寺幸仁親王生母ノ十七回忌ニ當リ、報恩寺
ニ於テ法事ヲ修セシム、

〔有栖川宮日記〕○高松宮家蔵
正徳元年五月廿五日癸丑、晴
一當月高嶽院殿御遠忌ニ付報恩寺、光秀院召ニ
遣、御法事之儀申渡ス、
来廿九日高嶽院殿十七回ニ付御法事十三
回忌之通可有修行候旨申渡、則為御法事料
白銀三十両相渡也、且又新女院御所ゟ御法
事若被御付候ハヽ、當日之義従此御所ハ御
遠慮も可有之候間、左様之儀候ハヽ、猶相窺
可被申旨申渡ス、

廿八日丙辰、晴
一於報恩寺高嶽院様御法事ニ付、今日相勤申、午
剋ゟ小栗甚左衛門・服部半右衛門被遣、御贈経
使山本木工頭長上下御代参、則相詰、
新女院様ゟ御法事申剋、新宰相殿・坂田聴聞、山
口中務丞相詰、
廿九日丁巳、晴
一今日於報恩寺従此御所被仰付候御法事有之
ニ付、藤木下野守長上下・戸田織部長上下・佐々
木庄右衛門・関本武右衛門半上下ニて参、辰剋

御法事故自早朝相詰

一此度於法〔報〕恩寺従方々被仰付候御法事次第

高嶽院殿十七回忌御法会

廿七日辰刻

斎会

読誦無量寿経上

奉斎

迴向

同日巳刻

施餓鬼供養

右従尾張姫君御方ゟ御法事料白銀五十両

同日未刻

御非時

読誦無量寿経下

右従賢宮御方　金五百疋

廿八日午刻

四智讃

読誦観無量寿経

迴向

右従宝鏡寺様　白銀弐十両

同日申刻

四奉請

禮讃行導

一夜念仏

右者新女院御所ゟ被仰付白銀三十両

廿九日卯刻ゟ晨鐘賢宮様ゟ被仰付候由也

斎会

読誦阿弥陀経

迴向

同日巳刻

讃鈸

伽陀

散花

迴向

右従有栖川宮様　白銀三十両　如例十三回忌

右

正徳元年七月二十四日

先考幸仁親王ノ十三回忌ニ當リ、大徳寺龍光院ニ於テ法事ヲ修セシム、乃チ是ノ日、同院ニ參入シテ逮夜法事ヲ聽聞シ、更ニ翌二十五日、同ジク參入シテ法事ヲ聽聞ス、又追善ノ爲、般若心經一卷ヲ書寫シテ靈前ニ供フ、

編修課

〔有栖川宮日記〕○高松宮家蔵

正徳元年七月廿日、丁未、晴、

一大徳寺ゟ役者蜀〔首カ〕言座伺公、藤木下野守申渡、

七月廿五日本空院宮十三回御忌御逮夜當日御法事料白銀貳百両、

右之通申渡、以書付申渡ス、

廿一日、戊申、陰、

一龍光院へ御法事料関本武右衛門持參、

廿三日、庚戌、陰、

一大徳寺ゟ廿四日五日御法事之書付持參、

書陵部（三号）

本空院様十三回御忌御法事

廿四日午時

金剛経　一座

廿五日午時

水陸會　一座

書陵部（三号）

右

龍光院

右之通書付来、

廿四日、辛亥、晴、

一大徳寺龍光院ニ而今日ゟ御法事被仰付候ニ付藤木下野守、矢嶋伊与〔豫〕守、戸田織部、佐々木友右衛門、服部半右衛門卯剋ゟ相詰、

一巳半剋大徳寺へ御參詣、御小直衣御指貫、御供諸大夫直垂装物一人布直垂近習貳人青侍五人先達而小少将方左兵衛督伺公、

書陵部（三号）

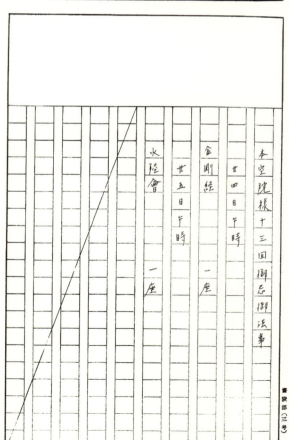

一午刻御法事始、金剛経、御聴聞、御門跡も御聴聞、外ニ御参詣無之故、御一所ニ被為成、未刻過還御、
一此間御書写経被遊、
心経　白紙金卦表紙紺金泥蓮唐草内袖金布目軸水精紫紐御奥書有之、
右之御経大徳寺へ藤木下野守持参、供養有之、
廿五日、壬子、雨天、
一龍光院へ矢嶋備前守布直垂・山本木工頭同・中川大学長上下・小栗甚左衛門半上下・服部半右衛門同卯刻ゟ相詰ル、
一巳刻大徳寺へ御参詣、御供如昨日、其外小少将方・左兵衛督何茂参詣、
一淑宮様御参詣、御昼物出ル、
一巳半刻御法事始、水陸会、御聴聞所淑宮様御一所、宮様外山中納言殿
一未刻還御、同后刻淑宮様御成、御非時被進、酉刻還御、宇野内記近習迄御非時被下、

（有栖川宮家司日記）○高松宮家蔵

正徳元年七月廿四日、天晴、
一御書写経此間被遊、
心経　白紙金卦表紙紺金泥蓮唐草内袖金布目軸水精紫紐
御奥書
右之一巻者奉為本空院宮十三回御忌追善令書写之者也、
正徳元年七月廿五日
二品太宰帥正仁親王
右伏長老御吟味可然之由、
包紙大鷹檀紙二枚白紅水引二筋立、杉形東書付
柳宮　檜八本立
付札太宰帥宮
右下野守持参、今日於御霊前僧供養可有之由、
右者御法事前ニ僧十四五人ニて心経供養有テ金剛経始、
一龍光院ニて次第　御小直衣御指貫　御門跡紅素絹御指貫
先御届御拝御一方宛、
心経供養僧十四五人　長老南海

金剛経三十人餘机長老單寮

宮様御焼香、次御門跡御焼香、

此間僧中扣有之、

（中略）

御佛段西間三間東二間御聴聞所簾無西間一

女中御聴聞所垂簾西御座敷垂簾方（女中）

一、御法事済退出之時下野守、備前守南海江一

礼申、

一、宮様、御門跡、女中粽饅頭御湯漬御酒、

一、御成巳中刻、御小直衣御指貫

（奉従略）

先宮様御成、御門跡御成、新宰相殿小少将殿

段々御参、

（龍光院所蔵文書）

（正仁親王写経）

摩訶般若波羅蜜多心経

（中略）

右之一巻者奉為本空院一品式部卿宮十三回

御忌追善令書寫者也

正徳元年七月廿五日

二品太宰帥正仁親王

正徳元年九月二十六日

中院通躬ヲ招請シ、源氏物語ノ講釋ヲ聴聞ス、爾

後屢ゝ、此ノ事アリ、

〔有栖川宮日記〕○高松宮家蔵

正徳元年九月廿六日癸子晴

一申刻過中院大納言殿御出御対面源氏御講讀

初更御料理御酒等出戌刻御退出

十月八日癸亥天曇

一酉刻過中院大納言殿御出源氏御講尺有之御

吸物御酒出戌刻過御退出

十七日壬申天曇

一中院大納言殿申下刻御出源氏物語御講談御

夜食御酒出ル戌刻御帰

十一月四日己丑天晴

一中院大納言殿酉刻御出源氏物語御講談、御夜

食御酒出ル戌下刻御帰

〔有栖川宮家司日記〕○高松宮家蔵

正徳元年十二月廿八日天曇、

一中院大納言殿酉刻御出、源氏御講尺御夜食出

御帰、

正徳元年十月二日

曇華院ニ赴キ、江戸参向ノ途ニ上ル朝鮮國使節

ノ行粧ヲ觀ル、

〔有栖川宮日記〕○高松宮家蔵
正徳元年十月二日、丁巳、天晴陰
一、卯上剋曇花院様へ御成、今朝朝鮮人京都發足
ニ付為御見物也、申剋還御、

同、

（参考）
〔京都御役所向大概覚書〕
三十六　朝鮮人来聘帰國道筋奉行并警固之事
一正徳元年卯九月廿八日朝鮮人京着、四塚ゟ大
宮通北江七條通迄、七條東江油小路通迄、両組
與力同心警固、油小路通ゝ北江松原通迄、松原
西江本國寺迄、所司代組與力同心并徒足軽警
固、
一同十月二日江戸江参向、松原通東江室町通迄
室町通北江三條通迄、所司代組與力并徒足
軽警固、三條通東江粟田口迄、両組與力同心警

有栖川宮実録　一一

正仁親王実録　四

有栖川宮實録　二一

正仁親王實録　四

有栖川宮實録　二一

正仁親王實録

正仁親王　四

正徳二年三月七日

生田英全ヲ召シ、論語ノ講釋ヲ聽聞ス、

〔有栖川宮家司日記〕○高松宮家蔵

正徳二年三月七日、天晴曇

一、論語御講尺始、英全伺公、済御酒一献祝、

〇是歳三月十二、十七、二十二、二十七日、四月三、八日、六月二、七、十七、二十二、二十七日、七月二、九、二十七日、八月二、七、二十二、二十七日、九月二、七、十一、十七、二十二、二十七日、十月二、七、十六日、十一月二十七日、十二月二日條略

正徳二年三月十八日

厄年ニ當ルヲ以テ、伊勢両宮及ビ多賀社ニ代参ヲ遣ス、

（有栖川宮家司日記）○高松宮家蔵

正徳二年三月十七日、曇天、

一、御厄年御祈祷御代参備前守ヘ渡ル、

伊勢両宮御初尾金弐百疋

御代参料金壱両、

二見御塩殿御縁組御願満御初尾金百疋

又御入輿御願有、

多賀社ヘ御初尾鳥目五十疋

御危年御祈祷

御代参料銀五両、

明日発向ニ付御盃被下、

十八日、雨天、

一、伊勢御代参備前守発足通駕籠略○中寅下刻立、

廿五日、曇天、

一、伊勢御代参備前守申中刻下向今日着、依先例也、御祓ハ明日献上之筈也、

正徳二年三月二十三日

生田英全ヲ召シ、三體詩ノ講釋ヲ聽聞ス、尋イデ中院通躬ノ参邸ヲ迎ヘ、源氏物語ノ講釋ヲ聽聞ス、

〔有栖川宮家司日記〕○高松宮家蔵

正徳二年三月廿三日、天晴

一三躰詩御講讀黄全、

○是歳四月二・七日、五月二十三日條略

一源氏御講讀、中院大納言殿御出

。是歳四月五・十一日、五月二十四・三十日、六月十日、七月十九日、九月二十六日條略、

正徳二年五月十九日

去ル四月十四日、新上西門院〈靈元天皇皇后藤原房子〉薨ズ、是ノ日、三七日御忌法事ヲ行フヲ以テ、般舟三昧院ニ参詣シテ焼香シ、尋イデ泉涌寺ニ参詣ス、

編修課

〔有栖川宮家司日記〕○高松宮家蔵

正徳二年五月十四日、天晴、

一新上西門院様御中陰

五月十四日　初七日

同十七日　二七日、

同十九日　三七日、

同廿日　四七日

同廿五日　五七日、

同廿六日　六七日、

同廿九日　尽七日、

十五日、天晴曇、

一泉涌寺ヘ新上西門院様御中陰之御法事ニ付葩五十枚被備、御使藤木右近将監〈布直垂〉

一般舟院〈江〉葩五十枚、御使右近将監

右承合

摂政様ゟも、京極様此御所ゟ両寺〈江〉葩五十枚宛、伏見様ゟ者両寺ヘ御経八軸、

十九日、天曇、

一般舟院〈江〉為御焼香御成、〈紫御小直衣、烏襷御指貫〉

卯半剋御成、先達万里小路殿御案内申御出

合也、今日三七日之御供養也、

（中略）

辰剋還御、御膳被召上、又泉涌寺へ御成、

一、辰中剋御供其外右之通ニて泉涌寺へ御参詣被遊、

後西院様、東山院様、新上西門院様へ花一筒ツヽ、後水尾院様御拝有、夫ゟ御牌前御両所御焼香、直ニ還御、

〔輝光卿記〕

正徳二年三月三十日、女院昨夕ヨリ御疱瘡之由也、

四月十四日、女院御急症薨御、御歳六十云々、

正徳二年五月二十八日

生田英全ヲ召シ、古文眞寶ノ講釋ヲ始メシム。

〔有栖川宮家司日記〕○高松宮家蔵

正徳二年五月廿八日、天晴、

一、古文後集御講讀今日始、生田英全、

六月三日、雨天、

一、古文御講讀、英全、

九日、晴、

一、古文眞宝前集御講尺、英全、

十三日、天曇、

一、古文御講讀、英全、

十八日、天晴、

一、古文御講尺英全伺公
廿三日晴曇
一、古文御講尺英全伺公
廿八日天晴
一、古文御講尺英全伺公
七月三日天晴曇
一、古文御講尺英全伺公
十日天晴
一、古文御講尺英全伺公
十八日雨天

一、古文御講讀英全伺公
八月三日天晴曇
一、古文御講尺英全
八日天晴
一、古文御講尺英全伺公
十三日天曇晴
一、古文御講尺英全伺公
廿三日少雨
一、古文御講尺英全伺公
廿九日、天晴曇

一、古文御講尺英全
九月三日天晴
一、古文御講尺英全
八日天曇
一、古文御講尺英全伺公
十三日天晴
一、古文御講尺英全
十八日天曇
一、古文御講尺英全伺公
廿三日、天晴

一、古文御講尺英全
廿八日天晴
一、古文御講尺英全伺公
十月三日天晴曇
一、古文御講尺英全伺公
九日天晴
一、古文御講尺英全
十三日雨天
一、古文御講尺英全
十一月廿八日天晴曇

一、古文御講尺英全、

正徳二年九月十四日

禁裏中御門ヨリ源氏物語花散里一帖ノ書寫ヲ命ゼラル、乃チ拝承ス、

〔有栖川宮家司日記〕○高松宮家蔵

正徳二年九月十四日 天晴

一 禁裏様ゟ御書写物源氏物語花散里壹帖御料紙字本ニ卦相添来、則御請被仰入候也、

正徳三年正月二十八日

中院通躬ヲ招キ、源氏物語ノ講釋ヲ聴聞ス、又是ノ日、生田英全ヲ召シ、古文眞寶ノ講釋ヲ聴聞ス、

〔有栖川宮家司日記〕○高松宮家蔵
正徳三年正月廿八日、天晴、
一中院大納言殿源氏御講讀之始、六原殿御出、御同道酉剋御出、亥剋前御帰、御夜食一汁三菜、

〔有栖川宮家司日記〕○高松宮家蔵
正徳三年六月十三日、晴曇、
一、古文御講尺、英全伺公、
○是歳六月十八・二十三日、七月三日條略、

〔有栖川宮日記〕○高松宮家蔵
正徳三年正月廿八日、丙午、天陰晴、
一古文真寶御講尺、生田英全参上、
○是歳二月七・十三・二十三・二十八日、三月二十三・二十八日、四月十八・二十三・二十八日、五月三・八・十八・二十八日條略、

〔有栖川宮日記〕○高松宮家蔵
正徳三年三月廿八日、乙巳、天晴、
一中院大納言殿酉剋御出、源氏御講尺、
○是歳四月五・十五・二十六日、五月十三日條略、

正徳三年二月六日

生田英全ヲ召シ、論語ノ講釈ヲ聴聞ス、

〔有栖川宮日記〕○高松宮家蔵

正徳三年二月六日甲寅、天晴陰

一生田英全参上、論語御講談有之、

○是歳二月十二、十七、二十二、二十七日、三月二十二、二十七日四月十七、二十二、二十七日、五月二、七、十七、二十二、二十七日條略

編修課

〔有栖川宮家司日記〕○高松宮家蔵

正徳三年六ノ月十二日、天晴曇、

一、論語御講尺英全伺公、

○六月七、十二、十七、二十二日條略

書陵部（三号）

正徳三年二月二十六日

禁裏中御門ノ仰ニ依リ、色紙十枚ヲ揮毫シ、是ノ日奉行ニ提出ス、

編修課

〔有栖川宮日記〕○高松宮家蔵

正徳三年二月十八日丙寅、天晴、

一禁裏様ゟ久我中納言殿・外山三位殿・庭田中将殿奉ニて御色紙十枚、来廿六日迄御染筆可被上之由申来、先御請之御返答申出、

廿六日甲戌、曇天、

一従禁裏先頃被仰出候御色紙拾枚、御染筆被遊御奉行外山三位殿亭へ為持被遣候処、御留主故久我中納言殿へ為持被遣披露可申由也、此節御神事故、御軽服故、直ニ御所江不被上、御奉行迄為持被遣、御使岡本織部、

正徳三年三月二十四日

去ル二十日洛中ニ大火アリ、一時邸内鎮守社ヲ北御蔵ニ遷座ス、然レドモ宮邸累ヲ免レタルヲ以テ、是ノ日、鎮守社ヲ本殿ニ還座ス、

〔有栖川宮日記〕○高松宮家蔵

正徳三年三月廿一日戊戌、天陰晴、

一今度大火ニ付、鎮守奉遷北御蔵、依之早速御本殿へ還幸之儀藤木近江守へ被仰付、遷宮可仕旨也、依之今晩ゟ在宅、

廿四日辛丑、雨天、

一今晩鎮守社御遷宮ニ付、自昨夜御神事、

一鎮守社御遷宮、戌刻藤木近江守へ被仰付、遷宮師近江守成恒、生絹斎服、小忌着冠、次官李張斎服勤之、次官北大路大学、傳供藤木左京可相勤

也、丑剋相濟、大学・左京御目見被仰付、為御祝儀白銀弐枚藤木近江守、金百疋北大路大学、金百疋藤木左京へ被下之、

一御近習前御掛湯被遊、南ノ穴門内儲御座、清被相濟、穴門之御座へ宮御成、近習時節鳥居之前暮之外ニ儲御用座、宮御成、御鳥居此節尤消燈、近習相濟、宮穴門内之御座へ御成、事終而御社参、御奉幣有之、還御、御神供神酒御頂戴、

〔輝光卿記〕

正徳三年三月廿日、晴、申剋大火事、油小路通押小路角魚屋ヨリ出火、次第ニ大火故参内、行幸之御沙汰故、伯中将攝政へ被窺候処、弥其御沙汰ニて自東御門行幸、最前ハ吉田ノ御沙汰、聖護院宮へ御入也、内侍所次鳳輦御輿、火漸遠ク成候故、還幸、子半剋、自申剋到子半剋、凡家数千七百五十軒餘、町数七十町、

正徳三年十月十三日

法皇（霊元）ノ仰ニ依リ、小刀二本ヲ御覧ニ供ス、乃チ法皇之レヲ留メ置カル、十七日、法皇ヨリ釣花生ヲ拝領ス、

〔有栖川宮日記〕○高松宮家蔵

正徳三年十月十二日丙戌、天晴、

一梅小路中納言殿御使、此間御出之節法皇様ゟ御尋御札、且又被仰出候御小刀小柄弐本被入御覧候ニ付、為持被遣、御小刀政常、御柄後藤演乗作、四分一毛彫裏彫、山水之一本、同政常入道之御小刀、御柄後藤権兵衛弟子黒瀬三郎右衛門作、赤銅小原、不彫有裏、壹本、以上弐本為持被遣、法皇様へ被入御覧候也、御使藤木下野守、

十三日丁亥、天晴

編修課

一梅小路中納言殿酉剋御出、御對面、昨日為持被遣候御小刀式本今日法皇様へ被差上候處、御満足ニ思召候、則式本ともに被留置候、尚追而可被仰出候由仰之旨御申上、同剋御帰

十七日辛卯陰天

一梅小路中納言殿へ山本杢頭参候處、中納言殿御對面被仰渡候者、(○中略)先頃被指上候御小刀小柄双方共御止置被遊候、御調法ニ思召候、此御釣華生御慰ニも成可申哉与被進候

正徳三年十一月二十六日

家計補助ノ趣ヲ以テ、将軍徳川家繼ヨリ金千両ノ贈進ヲ受ク、

〔有栖川宮日記〕○高松宮家蔵

正徳三年十一月廿七日辛未天晴

一御両傳ゟ被相渡候書付之覚

有栖川殿兼而御不勝手之段被及聞召候、依之金子千両被遣候間、其段可被相達候、以上

十一月廿六日　松平紀伊守

徳大寺右大将殿

庭田前大納言殿

右奉書切紙

別紙

有栖川殿御不勝手ニ付、御金借用被成度之旨、最前承候得共、被思召附御金被遣候、御沙汰有之候故、御願之儀ハ差扣不申出候、此段も被相達候様存候、以上

十一月廿六日

十二月三日丙子曇天

一證文之留

請取申金子之事

金千両　後藤包

右者今度従公方様有栖川殿江被為進候ニ付

請取申所如件

有栖川殿御内

藤木下野守 印

正徳三年巳十二月

矢嶋備前守 印

小堀仁右衛門殿

正徳四年正月二十二日

禁裏中御門ノ仰ニ依リ、色紙ヲ揮毫シテ献上ス、後屢〻此ノ事アリ、

〔有栖川宮日記〕○高松宮家蔵

正徳四年正月十九日壬戌快晴

一従禁裏様御色紙一枚来ル、廿二日迄御染筆被献候様ニ被仰出奉行、

廿二日乙丑

一禁裏様ゟ先頃被仰出候御色紙壹枚御染筆被遊、為持被上、御使岡本采女、非蔵人口迄持参、奉櫛笥中将殿迄申入ル処、御落手被成候、御一所ニ可有披露由也、

〔有栖川宮日記〕○高松宮家蔵

正徳四年七月三日壬寅天晴

一従禁裏様重而御色紙三枚、當月廿日比迄ニ何とそ御染筆被遊被指上候様ニ申参、奉右御同人御請畏思召候由也、

廿日己未快晴

一禁裏様ヘ右被仰出候御色紙三枚御染筆被遊被指上、非蔵人口ヘ参、阿野三位殿迄申入、一所ニ御披露可被成由也、御使岡本采女、

〔有栖川宮日記〕○高松宮家蔵

正徳四年九月三日壬寅晴天

一禁裏様ゟ先頃被進候御色紙余分地壹枚被仰
請度由御色紙奉行阿野三位殿・櫛笥中将殿・柳
原弁殿迄被仰進、非蔵人ロ江御使被進、追付此
御所ゟ為持可被進之由也、御使服部半右衛門
御奉行之由、櫛司中将殿ゟ御返答也、
一禁裏様ゟ先剋被仰進候御色紙地壹枚御奉行
ゟ来、

六日乙巳快晴

一禁裏様江御奉行迄御色紙八枚御染筆被遊、為
持被進、御使中川大学、御奉行未出仕無之、安田
越後江渡置、

〔有栖川宮日記〕○高松宮家蔵

正徳四年九月十八日丁巳天陰

一禁裏様ゟ御色紙三枚被仰出、御奉行櫛笥中将殿
武者小路中将殿来ル廿二日迄ニ御染筆可被
献由也、
一禁裏様ゟ重而花鳥御巻物二月之所明朝迄ニ
御染筆被献候様ニ被仰出、御奉行右御同人、

十九日戊午天晴

一禁裏様江御巻物御染筆御奉行迄為持被上、松
室信濃ニ相渡、御使中川大学、

廿二日辛酉天晴

一禁裏様江御染筆御色紙被上、御使岡本織部、

〔有栖川宮日記〕〇高松宮家蔵

正徳四年十月八日丙子晴天

一禁裏様ゟ御色紙壹枚来廿一日迄ニ御染筆被遊被献候様ニ申参、御奉行武者小路中将殿阿野三位殿

廿一日己丑晴天

一禁裏様ゟ御色紙取ニ参則被献

正徳四年四月七日

生田英全ヲ召シ、論語ノ講釋ヲ聴聞ス、

〔有栖川宮日記〕〇高松宮家蔵

正徳四年四月七日戊寅天晴

一論語御講尺生田英全當年始テ

村田素元加納道詮三輪了哲藤木駿河守

〇是歳四月十二、十七、二十二日五月二、七、十二、十七、二十二、二十七日六月二日條略

正徳四年四月八日

生田英全ヲ召シ、古文眞寶ノ講釋ヲ聴聞ス、

〔有栖川宮日記〕○高松宮家蔵
正徳四年四月八日己卯天晴申剋雷少雨
一古文真寶御講尺生田英全藤木金吾村田素元
末田尹篤、
十二日甲申天晴
一古文後集御講尺英全伺公、藤木金吾伺公、
○是歳四月十八・二十三日、五月三・八・十三・十八・二十八日、六月四日條略

正徳四年六月三日
法皇霊元ノ仰ニ依リ、竹ニ雀ノ御絵ニ和歌ノ讃ヲ揮毫ス、

〔有栖川宮日記〕○高松宮家蔵
正徳四年六月二日壬申晴天
一従法皇様久世三位殿奉ニ而竹雀御絵讃明日
迄ニ御染筆御献上候様ニ申参ル、畏思召候由
御直答之御書也、
一久世三位殿ゟ参候御紙面之写、
此絵讃わりなき御所望候へとも明日迄ニ
御染筆可被献候、竹ニ雀相應古哥ハ有之間
鋪思召候間竹はかりの哥御書付可被献由
被仰出候也、恐々謹言、
六月二日　通夏
矢嶋備前守殿　通夏
三日癸酉晴天
一清水谷中将殿亭へ御使昨晩被仰出候御絵讃
御未熟御座候得共任仰御染筆被遊被献候、仍
宜頼思召候由也、御使藤木下野守御返答云、委
細御使之旨畏入候通可持参可致披露由也、

〔有栖川宮家司日記〕○高松宮家蔵

正徳四年六月三日天晴

一清水谷殿へ御繪讃為持被遣、御使下野守、

竹雀之繪雀相應之哥□有間敷候、竹斗ニてもも可被遊候由法皇様ゟ御使

□参中院殿御相談ニて

御ちらし

色かへぬ竹のけしきにしるきかな

萬代ふへき君かよはひは

正徳四年六月五日

中院通躬ヲ招請シ、源氏物語ノ講釋ヲ聽聞ス、

〔有栖川宮日記〕○高松宮家蔵

正徳四年六月五日乙亥曇天

一中院大納言殿申半剋御出、源氏物語御講尺、當年始而御酒御吸物等出ル、酉剋御帰、

十五日己酉天晴曇

一中院大納言殿申后剋御出、源氏物語御講談、有之、戌剋御帰、

七月四日癸卯晴天

一宝鏡寺様江未剋御成、中院大納言殿源氏御講談有之ニ付也、

九月七日丙午天晴

一中院大納言殿申半剋御出、源氏御講談、御夜食出、戌下剋御帰、

九月廿六日乙丑天晴

一中院大納言殿酉剋御出、源氏御講談、御夜食出、戌半剋御帰、

十月九日丁丑少雨天

一中院大納言殿申剋御出、源氏御講尺有、御夜食出、戌剋還御、

廿六日庚午天晴

一中院大納言殿酉剋御出源氏物語御講尺、
十一月十二日甲戌晴天
一中院大納言殿申半剋御出、源氏物語御講尺ニ付御夜食出ル、戌剋御帰
十二月四日甲申天陰雨下
一中院大納言殿申半剋御出源氏御講尺ニ付也、羽ニ重壹疋大納言殿へ被遣、度ゝ御講尺ニ御出ニ付テ御前ニテ被遣、戌半剋御帰

正徳四年六月二十七日
筒井三郎兵衛及ビ其ノ弟子ヲ召シ、謡ヲ聴ク、

〔有栖川宮日記〕○高松宮家蔵
正徳四年六月廿七日丁酉晴天
一筒井三郎兵衛弟子両人依召参上、御謡被仰付
弟子後藤甚左衛門、上田源次郎
蟻通 三郎兵衛　三井寺 同人　定家 同人　鸚鵡小町 御所望
阿漕 同人　融 同人　外ニ御所望　初瀬六代 三郎兵衛　相模八景 同
香椎

正徳四年八月二十二日
法皇霊元ノ仰ニ依リ、色紙ヲ染筆シテ献上ス、後屢此ノ事アリ、

有栖川宮日記 ○高松宮家蔵
正徳四年八月廿一日庚寅晴天
一法皇様ゟ御色紙壹枚明日中ニ御染筆被進候様ニ申参、御奉行久世三位殿押小路三位殿風早中将殿
廿二日辛卯晴天
一法皇様へ昨日被仰進候御色紙持セ被献、御使中川大学北面所へ参、取次山科播磨守

有栖川宮日記 ○高松宮家蔵
正徳四年九月十七日丙辰天晴
一法皇様御色紙二枚、當月中御染筆可被上之由、御奉行押小路三位冷泉三位殿久世三位殿清水谷中将殿風早中将殿
廿七日丙寅天曇
一仙洞様ゟ被仰出御色紙弐枚御染筆被遊、清水谷中将殿程（禮）亭迄為持被遣、御使中川大学

有栖川宮日記 ○高松宮家蔵
正徳四年十月三日辛未晴天
一法皇様ゟ御色紙十二枚御染筆之儀被仰進、御奉行久世三位殿清水谷中将殿
八日丙子晴天
一法皇様ゟ清水谷中将殿御口上ニ而此間被仰進候御色紙御染筆被遊候ハヽ可被献候、若未御染筆不被遊候ハヽ明日必々可被献由申参、御染筆被遊被置只今可被上と思召候處ニ御座候、則御使へ被遣候間、御序ニ宜御披露頼思

召候由被仰遣

〔有栖川宮日記〕○高松宮家蔵

正徳四年十月晦日壬戌天晴曇

一仙洞様ゟ御染筆物三枚来二日迄ニ御染筆可
被上之由奉ハ例之御泉之由

十一月二日甲子晴天

一法皇様へ御色紙御染筆被遊被献御使岡本織
部

正徳四年八月二十三日
京都所司代ニ殿邸ノ間数竝ニ坪数ヲ書キ上ゲ
テ提出ス、因ニ坪數ハ三千四百坪餘ナリ、

〔有栖川宮日記〕○高松宮家蔵

正徳四年八月廿三日壬辰晴天

一町口越中守ゟ申来御座敷間数坪数書付遣ス

有栖川宮御座敷間数坪数

一東方北ゟ南迄　飛鳥井殿座敷堺　五拾七間

一南方東ゟ西角迄　五拾五間五尺五寸

一西方南ゟ北迄　七拾貳間壹尺五寸

一北方御門之前西ゟ東江　中院殿堺迄　拾三間壹尺五寸

中院殿堺本北ゟ南江拾七間折入

同東方江堺本西ゟ東迄四拾四間二尺五寸

一坪数三千四百坪余

右之通ニ御座候以上

午八月廿三日

右之通書付町口越中守江遣ス、小宮山丹後守
へ相達、松平紀伊守江被相達候由申来、

正徳五年二月六日

中院通躬ヲ招請シ、源氏物語ノ講釋ヲ聽聞ス、

〔有栖川宮日記〕○高松宮家蔵

正徳五年二月六日癸酉曇天

一酉剋中院大納言殿御出、源氏物語御講尺、御夜食出ル、戌剋御帰、

三月十六日壬子快晴

一中院大納言殿申剋御出、同剋宝鏡寺様御成、源氏御講尺有之、御夜食等出ル、亥剋過還御、

〔有栖川宮家司日記〕○高松宮家蔵

正徳五年四月廿六日天晴、

一中院殿源氏御講尺、

○是歳五月二、二十六日、七月十一、二十九日、八月二十七日、十一月十三日、十二月二十七日條略、

正徳五年二月十九日

禁裏中御門ノ仰ニ依リ、十二月花鳥ヲ揮毫シ、献上ス、

〔有栖川宮日記〕○高松宮家蔵

正徳五年二月十三日庚辰天晴

一従禁裏様十二月花鳥十一月枇杷千鳥一枚来十九日迄ニ

御染筆被遊被進候様ニ被仰出則御請也、右之

奉阿野三位殿、櫛笥中将殿、武者小路中将殿

十九日丙戌雨止晴陰

一禁裏様ゟ先頃被仰出候十二月花鳥壹枚御染

筆被遊被指上ル、非蔵人詰所迄持参御奉行未御出

仕無之、櫛笥中将殿裡亭へ持参申入、追付可致

披露之由也、御使中川大学、

正徳五年三月十三日

生田英全ヲ召シ、論語ノ講釋ヲ聴聞ス、四月八日

ニ至リ、之レヲ竟ル、

編修課

〔有栖川宮日記〕○高松宮家蔵

正徳五年三月十三日己酉天晴時々小雨

一論語御講尺生田英全参上、

○三月十八、二十三、二十八日除略

〔有栖川宮家司日記〕○高松宮家蔵

正徳五年四月三日、天晴曇

一論語御講尺英全

八日、天晴

一論語御講尺、御講尺御満、英全伺公、御酒被下、

正徳五年三月十四日

生田英全ヲ召シ、古文真宝ノ講釈ヲ聴聞ス、四月二十三日ニ至リ、之レヲ竟ル、

〔有栖川宮日記〕○高松宮家蔵

正徳五年三月十四日庚戌天晴

一古文真宝御講尺生田英全、

○三月十九・二十四・二十九日條略

〔有栖川宮家司日記〕○高松宮家蔵

正徳五年四月四日、天晴曇、

一、古文御講尺英全伺公、

九日、天晴、

一、古文御講尺英全伺公、蕎麦被下、

十三日、天晴、

一、御講尺古文英全伺公、

廿三日、天晴、

一、古文後集御講尺御満、英全伺公、吸物御酒被下、

正徳五年四月二十二日

三輪希賢（号執斎、通称善蔵）ヲ召シ、中庸ノ講釈ヲ始メシム、五月二十七日、全三十三章ノ講竟ル、

〔有栖川宮家司日記〕○高松宮家蔵

正徳五年正月廿日、天晴、

一、三輪善蔵来處秋比迄も在京故中庸御講尺被仰付度由申所畏申、

〔有栖川宮家司日記〕○高松宮家蔵

正徳五年四月廿二日、天晴、

一、中庸御講尺始、序分済、三輪善蔵伺公、中御休息之内吸物中食御酒振廻、

廿七日、

一、中庸御講尺善蔵伺公、第九章迄有之、

五月二日、少雨、

一、中庸御講尺善蔵伺公、中休中食、

七日、曇天、

一、中庸御講尺善蔵伺公、

十二日、雨下、

一、中庸御講尺三輪善蔵、

十六日、天陰、

一、中庸御講尺善蔵伺公、

廿二日、天陰晴、

一、中庸御講尺善蔵伺公、

廿七日、天晴、

一、三輪善蔵伺公、中庸三十三章所今日御講尺済、御道服御烏帽子ニて被聞召、古本大学板行申付之由ニて献上、中食御酒被下退出、

正徳五年五月三日

生田英全ヲ召シ、白氏文集ノ講釋ヲ始メシム、

〔有栖川宮家司日記〕○高松宮家蔵

正徳五年五月三日、天曇、
一、白氏文集英全讀講有之、
八日、天晴、
一、白氏文集英全講讀
十三日、午剋ゟ晴、
一、白氏文集御講讀英全、
十八日、天陰、
一、白氏文集御講尺英全、
廿八日、天晴、
一、白氏文集英全被讀之
六月三日、天晴、
一、白氏文集講讀英全伺公、
十三日、天晴、
一、文集御講讀英全
廿三日、天晴曇、
一、白氏文集講讀生田英全伺公
廿八日、天晴、
一、白氏文集御講讀英全伺公、
十月十三日、天晴、
一、白氏文集御講讀英全、
十八日、天晴、
一、白氏文集御講讀生田英全伺公、
廿三日、天晴、
一、白氏文集御講讀英全伺公、
廿八日、雨天、
一、白氏文集御講讀英全、
十一月八日、天晴、
一、白氏文集御講讀英全、
十三日、天晴曇、
一、白氏文集御講讀英全、
廿二日、雪、
一、白氏文集御講讀英全伺公、
廿八日、天晴、
一、白氏文集御講讀英全伺公、
十二月廿日、天晴曇、
一、白氏文集御講談英全伺公、
十三日、天晴曇、
一、白氏文集御講談英全伺公、

正徳五年七月二十四日

先考幸仁親王ノ十七回忌ニ當リ、大徳寺龍光院ニ於テ逮夜法事ヲ修セシメ、之レヲ聽聞ス、更ニ翌二十五日忌日正當ニ依リ、同ジク法事ヲ修セシメ、參詣シテ聽聞ス、又般若心經ヲ書寫シテ供フ、

〔有栖川宮家司日記〕○高松宮家藏

正徳五年七月十九日、天曇

一、大徳寺ヘ申遣口上書

口上

御用之義御座候間御壱人御越可被成候、

以上、

七月十九日、　矢嶋備前守

龍光院

御役者中

畏之由申来右剋宣首座圓徳伺公、

書付如目録三折中ニ

本空院宮十七回御忌七月廿五日御逮

夜當日

御法事料白銀三十枚

右之書付渡則銀十枚包三ツ渡之、遣御銀ハ友衛門持出而相渡御法事書附可被差越之由申、御法事下野ヘ兼而令談、

廿日、天晴曇、

一、龍光院役者桓首座御法事之書附持參、

本空院宮様十七回御忌御法事

二十四日未剋

首楞嚴神呪一座

二十五日午剋

水陸會　一座

右　龍光院

一、女院様ゟ昨日廿四日御法事被仰出料銀弐拾拾枚被下、巳剋金剛経修行仕之由也、宮様御參有之可始哉之由故夫御取次衆ヘ相談尤之由申、

廿四日、天晴、

一、巳剋能光院へ御参、御小直衣、
一、壽昌院殿乗物四人、麻上下、中間二人、
一、大德寺之義
先御成唐戸門内御下輿、夫ゟ御廟へ御参御
拜、五ヶ所へ花一筒宛被備、夫ゟ聖堂御拜、女
院様御法事為御聴聞、万里小路中納言、外山
中納言、清閑寺頭辨、澤右衛門佐参詣、狩衣着
用、女院使宣旨殿、新宰相殿、吉井伺公、北面三
上左衛門尉、藤木右衛門尉、狩衣、取次荒木對
馬守、川添玄蕃、布直垂、侍衆四五人、御菓子五
種御添物持参、御酒茶碗、衆僧参集、諸大夫北
面廣間座、巻簾宮、公家衆御着座、衆僧入道場
三拾四五人、長老三人、女院様ゟ御法事金剛
経、済右衆僧着座、御佛前簾下、御代参宣旨局、
新宰相局焼香、
次帥宮、万里小路中納言、外山中納言、清閑寺
頭辨、沢右衛門佐、□（公え）奥へ御入簾下、
衆僧斎會、
帥宮御膳此方認上ル、御聴聞所ニて公家衆
書院各三方、寺ゟ饗應、故此時女院様御菓子
給仕小性、
御酒出、
女中御菓子御茶漬出、
右器物御殿ゟ持参、
各休息、
一、未剋徒有栖川殿御法事御逮夜、女中聴聞、公
家衆御着座、諸大夫五人座北面退出、御法事
済、僧着座、帥宮御焼香、其間ニ女中并ニ諸
大夫焼香、済右公家衆退出、於書院了巌和向
玉泉大梅御對面有御礼、
次女中御帰、次帥宮還御、了巌、玉泉、大梅御送
申、
廿五日、天快晴、
一、此度心経御書写有、
表紙紺紙蓮花唐草外題 紺紙金泥金卦 卦内袖金布目銀泥
蓮散花、水精軸、
柳営檜八本立付札太宰帥宮色紙大鷹檀紙
小高大寸ニ切折形跡、先折以白紅結之二枚、
内方右ゟ御書出、御詠二首、
その折ハおもいわかねと十とせあまり
過しをしとふけふハかなしき

御経供養料金弐百疋添
右御経備前守持参玉泉ニ對シテ渡之、御詠
有之間無他見他聞、先可被扣之由昨今申了
厳和尚、大梅へも申傳
一、淑宮様ゟ御贈経一部御香奠白銀十枚被進宇
野内記持参、
一、淑宮様巳剋御成、還御未剋斗、有栖川様へ御成
御非時被召上（奉。供略）申中剋還御、
一、巳中剋御成御供人数如昨日、木工頭着布直垂
乗物、御法事済従淑宮様御先へ還御、

一、大徳寺之儀
御成如昨日御廟花五ヶ所御拝、聖堂御拝
済、桑原宰相殿外山三位殿心経供養之内
ニ御参、御法事聴聞、御聴聞所御簾上ル、廣
椽西烏帽子着用分備前守下野守近江守
梅井備前守、大隅守野内記長上下之分有
之、遠信喜安廣椽東淑宮様侍衆四人、此方
侍衆五人、取次者長上下近習有之、
御法事
御書写心経供養了厳和尚衆僧十四人余

此内諸僧参集
施餓鬼長老四人衆僧六十五六
人斗、御導師了厳和尚、
半斎右人数之内四十人餘有之、
右済役者備前守近楽内諸僧着座、帥宮
御焼香直ニ御入、次ニ桑原殿外山殿次大隅
拵衣、
次僧中斎有、於御聴聞此方ゟ御菓子御添物
弁御茶漬等、淑宮帥宮女中、於書院桑原殿外
山殿御菓子御添物御酒塩茶碗ニて出、済右
各御退出、

（中略。）
帥宮様還御、玉泉大梅於廣椽御目見被延一
礼、備前守披露、左兵衛督御先へ被帰、備前
守も早御殿へ可帰之由ニて駕ニて早々
帰、御跡ニ残淑宮様、壽昌院殿御帰、

（龍光院所蔵文書）

（正仁親王写経）

摩訶般若波羅蜜多心経

（中略）

正徳五稔初秋下浣　太宰帥正仁親王

正徳五年九月二十五日

是ヨリ先、敬法門院ヲ以テ、法皇（霊元）ニ雲立涌ノ指貫ノ拝領ヲ願出シガ、是ノ日、聴許ヲ蒙ル、仍リテ御禮ノ為、女院御所ニ参入シ、翌二十六日同ジリ参院ス、尚、指貫ハ当分ノ間、妙法院宮堯延親王（霊元天皇皇子）ヨリ借用ス、

（有栖川宮家司日記）○高松宮家蔵

正徳五年九月廿五日、天晴、

一、女院様ゟ御文

かねて御ねかひ被遊候雲たてわきの御さしぬき此度かへ候ハんにつき此度御ねかい宣旨殿新宰相殿ゟ新大納言殿へ文法皇様へ御願之処御尤ニ思召候、

一、右の御礼として申下剋女院様へ御成酉剋還御、

廿六日、雨天、

一、桑原殿御成前御出於途中被仰入又内々御入備前守ニ被申聞

御指貫ハ有合無之不被進各其御例也当分御用ハ妙門様カ梶井様カ御借用可被成之由也、

一、新大納言殿へ御直書

此比ハひやうに成まいらせられ候弥御機嫌よくならせられめて度存候、扨は女院御方ゟ願まいらせ候雲立涌の御さしぬきの事御さた候へハ御さしぬきはい

りやう申かしこまり入まいらせ候、誠に
さつそくはいりやう申かたしけなく存
候、御礼の御事いか程もよろしく御心得
候てひろう候やうにたのミ入まいらせ
候、あなかしこ
女別當とのへ　たゝ仁
右御使織部
一、巳剋禁裏様御能ニ付御参内、（中略）夫ゟ法皇様
へ御指貫之為御礼御成（未）同剋還御、

（伏見若宮御元服并帥宮御加冠記）
（外題）
伏見宮御元服記・帥宮御冠記・雲立涌御指貫御拝領首尾
正徳五年未九月廿五日
一、（御指貫）雲立涌御指貫之事、先年諸方御拝領多有之故
御願之処、未御若年ニ有之、猶御時節も可有之
由、敬法門院様以御取次被仰上候御返答之処、
此節能時節故、先頃女院様江被仰上之処、此度
者直ニ法皇様江御願可被仰上之由、従敬法門
院様被仰之由ニて宣旨故新宰相殿ゟ新大納
言殿へ以御文法皇様へ被仰上候処、御願之旨

御尤ニ被思召候由ニて則被進候由御文参、
御指貫ハ當時御餘分少由ニて御文計也、雲
立涌此方ニて御用意之筈也、
右為御礼女院様へ御成、
廿六日
一、（宗書）（御指貫）雲立涌御指貫為御悦従女院様生鯛一折式被進
御文使
一、（宗書）（御指貫）梅小路中納言殿へ御指貫御拝領之儀被仰遣
御書也、以御直文御礼之義御尤之由、御肴被献
事も新大納言殿へ御肴被遣可然之由、

一、自昨夜御神事、今朝御神拝
鎮守社、御霊社、大國玉命御備有、御加冠之御
作法首尾能御祈、
一、伊勢藤田大夫来、御加冠無滞様ニ両宮御祈被
仰付、御初尾百疋遣、
一、（宗書）（御指貫）桑原宰相殿御出、雲立涌御指貫御餘分少故不
被進候、各唯今迄御拝領之例ニて當分御用ハ
妙門様梶井様ニて御借用可被遊之由、
一、（宗書）（御指貫）法皇様江之御礼、新大納言殿へ御直書、
此比ハひやゝかに成りまいらせ候、弥御機

嫌よくならせられめて度そんし候扨ハ女院御方ゟ願まいらせ候雲立涌の御さしぬきの事御さたに候へハ御さしぬきはいりやう申かしこまり入まいらせ候、誠にさつそくはいりやう申かたしけなく御礼の御事いか程もよろしく御心得候てひろう候やうにたのミ入まいらせ候あなかしこ、

〆女別当とのへ　にゝ仁

右御使岡本織部

一、（朱書）御指貫」法皇様江生鯛一折弐被献、御口上ハ、為窺御機嫌被献之由、御使山本木工頭

下心ハ御指貫御拝領御礼九條様之御例也、

新大納言殿ヘ鱧一折三右同断

一、（朱書）御指貫」法皇様ヘ御指貫御拝領為御礼御参、

廿七日、

一、（朱書）御指貫」女院様江貝盡一折雲立涌御指貫之事法皇様江被進、首尾能御拝領御礼、御使天嶋備前守、

廿八日、

一、（朱書）御指貫」妙門様ゟ浮紋雲立涌御指貫御借用、兼而以桑原殿御内通ニて被進

〔院中番衆所日記〕

正徳五年九月廿六日、雨晩方晴、左大臣八十宮御方御機嫌明日御能被召御礼、帥宮今度雲立涌御指貫拝領明日御能被召御礼、（○中略）参入被申置退下、

正徳五年十月二日

貞建親王伏見宮元服ノ儀ヲ行フ、仍リテ伏見宮邸ニ赴キ、加冠役ヲ勤ム、

〔有栖川宮家司日記〕○高松宮家蔵

正德五年九月廿六日、雨天、

一、親王御加冠御務之例、

（○先例書略）

此度伏見殿若宮御元服

加冠　太宰帥宮

着座　権大納言

滋野井中納言

宰相中将

理髪　基香朝臣

廿八日、天晴、

一、加冠御首尾御祈祷上御霊社へ百足、雅楽頭へ、北野天満宮へ百足、能喜へ被仰付、

十月朔日、天晴曇、

一、伏見様へ御元服之御祝儀被進、

大宮様へ御太刀銀馬代、干鯛一箱、

若宮様へ御太刀銀馬代一荷二種

此義此方へ被進御祝義と徒九條様御加冠之時被進と同前ニ相極置、御使下野守

書陵部（三号）

布直垂被着持参之、先々其通ニて来候由、由今日ハ其通如何

也、弐百足被下、

二日、天晴、

一、御加冠有之ニ付、鎮守御霊社、大國玉御備枝久

役、御掛湯ニて御頂戴、

一、御出門辰上刻、御廣間庭ゟ四足へ御出、

御装束紫御掛緒、左府様例、御直衣、爪菊九曜

文、御単御指貫、紫浮紋雲立涌ハ御拝領、御下袴、御襪、御

檜扇、平鞘御太刀令持、

一、奉行家司清岡殿ゟ御使、御用意候ハヽ御勝手

書陵部（三号）

次第御成可被進之由、御使来、

（○行列次第略）

一、伏見様ゟ加冠御礼使山口伊賀守、布直垂

若宮様ゟ御太刀黄金馬代

五荷五種各箱肴、大樽小酒

大宮様ゟ御太刀銀馬代、干鯛一箱

右御使御廣間ニ而吸物御酒被下、織部挨拶、御

返事備前守申出、弐百足御引被下、

一、法皇様ゟ新大納言殿奉御口上使海老一折十、

御加冠首尾能為御悦御拝領、御礼今日御無用

書陵部（三号）

之由。

（外題）伏見若宮御元服并帥宮御加冠記　○高松宮家蔵
伏見宮御元服記帥宮御加冠記雲立涌御指貫御
拝領首尾
正徳五年未九月十九日。
一、桑原宰相殿参上、伏見殿ゟ御頼ニ御座候今度
若宮御元服ニ御座候、就夫御加冠之儀被成被
進候様御頼被遊候、帥宮ニ御加冠被成被進候
ハヽ御満足之旨御座候法皇御所ニも此度丞
相之方ニ御勤被成方無御座候間、幸ニ思召候
九條摂政殿御所労ニ而此度御請ハ有之

昨日御断ニ候
二條左府殿ニ者左府之御拝賀未無之故不被
為成候、近衛右府殿二條内府殿御同前、
親王御加冠久敷無御座候間摂家方ニ限申様
ニも御座候、御勤被成可然と思召候由也、
御返答猶御思案之上重而御返答可被仰之由
也、
廿日。
一、桑原宰相殿召ニ被遣、即刻御出、伏見殿ヽ之御
返答、今度若宮御方御元服被成ニ付加冠之事

御頼被進委被聞召候、丞相之方御断有之ニ付
先例親王加冠之義有之故御頼之義御承知被
遊候、幸父宮御事被遊被進候様ニと思召候、殊
ニ摂家方父子之儀加冠御座候間父宮之御加
冠御尤ニ思召候、此方ニ者職方御未熟之御事
ニ候ヘハ弥御断被遊之旨也、且又法皇仰之義
御序ニ宜様ニ頼思召之由也、
（○親王御加冠之先例略ス）
尚御雑談有之、桑原殿御申、法皇様ニも度々被
仰御事ニ候、親王方ニ久敷御加冠無御座候ヘ

ハ御務可然と仰ニ候由帥宮御返答、有職之儀
御不覚悟故親王加冠之次第無御存知候、此上
伏見殿ゟ達而御所望候ハヽ、唯今迄次第も出
其殿之圖も出此通ニ可務と被存候而も少ゝ
不審之儀も有之、先例被勘義も未廿六日と申
儀ニ無間、未勘之事を押而勤も難成とて日取
有之ニ断も難申間、法皇仰之義ハ宜頼思召候
由也、
一、桑原宰相殿重而御出、此度加冠之義御務可被
進之由再三法皇仰之旨也、伏見殿ゟ上江被仰

上御頼ニ候、父宮御務之義ハ不吉之例故、他江
御頼被成度由ニ候、是非頼思召之由也、猶追付
御返事可有候由、
一、法皇様ヘ酉剋被窺御詠御参、梅小路中納言殿
不参、桑原殿ハ御前ニ御用有以滋野井中納言
殿被仰入、伏見殿元服加冠之義再三仰も御座
候而、伏見殿ゟも達而再三依被申御請被遊候
由也、以桑原殿被仰出者、加冠之事御同心無之
者御對面ニて其段〔何〕被仰出思召ニ候ヘ共、御請
之上者御用有之故無御對面候、先達而九條攝

政殿ヘ被仰出、加冠之進退、従有栖川宮可被尋
候間、御入魂可有之由被仰出置候、明日、明後〔日〕之
内ニも九條殿ヘ御尋（加冠之作法）可被成候、其外之義者従
法皇様仰可有之由也、
加冠之拝廉中ゟ加冠御出座之義、疊二枚敷
申儀、次第等之義ハ
法皇様ゟ御内談可有之由也、
廿一日、
一、伏見様ゟ御使津田甲斐守、御加冠御領掌被成
候御礼御口上、

一、中務卿宮様加冠御領掌之〔為〕御礼、未剋御成、御書
院ニて御對面、夫ゟ御座間ヘ御同道、御吸物御
酒出、御盃有之、中院大納言殿、桑原殿御相伴、還
御之節御書院迄御送、中院殿、桑原殿奏者間迄
御送、
一、女院様江此度加冠御領掌之義被仰入、御使矢
嶋備前守、
一、九條攝政様ヘ御使、右剋御内御成候ハヽ被為
成度由、御使矢嶋備前守、幸御内被為成候間、御
成可被遊之由、故書付上ヶ備前守持有之、

右剋帥宮様御成、於大書院御對面御加冠之作
法御内談
一、加冠作法泔抔髪撓出御物語之由御鬢左右
かうかいを以て一度宛撓之由也、
一、御衣御着用之義御尤之由、侍着座面〻衣着
用無之ハ如何之由御丁寧之方也、
一、下結之事御進退難被成可有之候右御同前
之事歟、
同剋還御、夫ゟ賢宮様ヘ御成、次女院様ヘ御成（朱書）「御指貫」
一、雲立涌御指貫之事此度御願被成度由被仰

御尤之由也、
廿二日、
一、中院殿万里小路殿御出、加冠御作法等御稽古、
有、
一、加冠御祈禱賀茂精進當淡路守ヘ本尊供七観
音院ヘ被仰付、
廿四日、
一、伏見様ゟ御使津田甲斐守、
若宮様御元服弥十月二日弥御治定之由被仰
進、

廿五日
一九條様ゟ御使御借用御衣二領来
御衣二領、蘇芳板引小葵紋
薄紫浮線綾九
廿六日
一自昨夜御神事今朝御神拝、
鎮守社御霊社大國玉命御備有御加冠之御
作法首尾能御祈、
一伊勢藤田大夫来御加冠無滞様ニ両宮御祈被
仰付御初尾百疋遣、
廿八日

一、上御霊社御初尾百疋小栗栖雅楽頭
天満宮御初尾百疋能喜
右御加冠首尾能御祈也、
十月朔日、
一、伏見様ヘ御元服御祝義被進
大宮様ヘ御太刀銀馬代干鯛一箱
若宮様ヘ御太刀銀馬代一荷二種
此義此方ヘ被進御祝義と従九條様御加冠
ニて被進御進物と同前ニ相極御使下野守
御取持ニ参時ハ持衣ニ而も着候也能〻御
布直垂被着持参之由前日ニ御使着用如何

使ニ烏帽子着候如何也

二日、快晴、

一、鎮守社、御霊社、大國玉命御備枝久役御加冠首
尾能御祈御掛湯ニて御頂戴

一、御装束紫御掛緒左府様御加冠之時例
御直衣八菊九曜紋御単御指貫紫浮紋雲主流此度
御拝領為故妙門様ゟ御拝領御下袴、御襪御檜扇平鞘御
太刀令持、

一、御出門辰剋御廣御殿之庭ゟ四足御門
（次第行列略）

一、四足御門ゟ行列出、今出川通伏見様四足御門ゟ
御入、御玄関ゟ御入堂上地下御迎ニ出、加冠御
休所ニ御案内有之、御休所被儲御座大紋高麗
二帖敷御茵御座之前ニ而大宮御對面有御礼
節御湯漬等御断、
剋限御休所御座ニ御着、奉行家司依告来自簾
中御出座
　此時中園中将褰御簾
次第済御休所ニ御入御座之前中央ニ御着座
若宮被改御直衣御出加冠之拝有（新冠）二拝済后還

御、
御献饗應兼而御断不及供進

一、御加冠還御其儘為御禮使山口伊賀守布直垂
兵部卿宮様ゟ御太刀黄金馬代五荷五種各箱大樽十荷
中務卿宮様ゟ御太刀銀馬代干鯛一箱
右之御使御廣間ニ而吸物御酒被下、織部挨拶、
御返事備前守申出、御使ヘ弐百疋被下、

一、法皇様ゟ新大納言殿奉御口上使海老一折十
加冠首尾能為御悦御拝領御礼今日御無用之由
右剋御礼使近江守、

三日、

一、兵部卿宮様昨日為御礼御成於御書院御對面
御吸物御酒出御盃有桑原殿為御案内御出
御互ニ御小直衣
右為御礼山本木工頭御使ニ参、

一、九條摂政様ヘ加冠御祝義御返礼海老一折十
被進、
御借用御衣二領御返却御使藤木下野守、
　従四位上平貞玄記之

（輝光卿記）

正徳五年十月二日、甲子、晴、卯半刻参伏見殿、依若宮元服也、巳刻有其儀、加冠帥宮、着座權大納言豊忠卿・滋野井中納言・小倉宰相中将、役送、冠共條朝臣、庭匝久、季朝臣、油坏栄顕、前物、倍勝、為範朝臣、家司致長、兵部卿貞建親王、親王加冠之例自一条殿

考給、

應永十八年四月四日

貞成親王元服　加冠治仁王栄仁親王御子

寛永六年二月二日

智忠親王元服　加冠彈正尹好仁親王

慶安四年十一月十三日

邦道親王元服　加冠中務卿智忠親王

（伏見宮系譜）

十四代
貞建今上親王

母同上（福子内親王）

元禄十三庚辰年十二月廿一日誕生、

（口中 脱）

（正徳五年）
同年十月二日、元服、十六、加冠有栖川太宰帥正仁親王、理髪園頭中将基香朝臣、着座廣幡大納言、

正徳五年十月

是ノ月中旬、三十六人歌合一帖ヲ書寫ス、

（三十六人歌合）○高松宮家蔵

（奥書）
此一帖依所望書写之
醜跡有恥而已
正徳第五初冬中旬　（正仁親王）（花押）

ホ／

正徳六年閏二月三日

竹姫入輿ノ期来ル戊年享保三年ト治定セラル。

（有栖川宮日記）○高松宮家蔵

正徳六年閏二月三日甲午天晴
一竹姫君様御入輿之義、先頃従女院様伝奏衆以水野和泉守へ被仰出之処、早速関東江被申入則達上聞、来ゝ戊年秋冬之内御婚礼可相調之由被仰出之由申来候間、御沙汰可有之由和泉守ゟ伝奏衆へ書付来、女院御所へ被申上之由、両御所ゟ御文ニて被仰進

四日乙未天晴
一徳大寺殿・庭田殿御使、女院御所ゟ水野和泉守へ被仰出、其返答被申上候迠聞召御満悦ニ思召候、和泉守殿へ此方ゟも御使被遣可然候ハゝ、御案内頼思召候由也、御使矢嶋備前守

六日丁酉天晴
一鎮守社・御霊社・大国玉命御酒洗米魚御調進、御婚礼御治定弥御首尾能様ニ為御祈祷御調進、成恒役之

七日戊戌天晴
一女院御所様へ午刻御成、御治定之御礼被仰入之為也、申下刻還御

〔御日記〕

正徳六年閏二月十一日、竹姫君様有栖川宮へ御入輿ニ付、戌年御入輿御用井上河内守鳥居伊賀守仰付之、

十六日、竹姫君様御入輿御用被仰付候、

大久保淡路守
留主居大嶋肥前守
大久保下野守

（〇中略）

右ハ来戌年御入輿御用被仰付、河内守申渡候、

〔有栖川宮家司日記〕〇高松宮家蔵

正徳元年七月八日、天曇

一、新女院様新宰相殿ゟ申来参、

竹姫君様御入輿之事関東へ被仰進候処、傳奏衆ゟ被申入候御入輿御急被成度由関東へ被申上候処、未御幼少ニ被為成候間、今四五年経て可有御入輿之由申来候旨也、紀伊守殿被窺、傳奏衆御傳之由也、罷帰小少将殿下野へ申聞、宮様へハ申上候由也、

〔有栖川宮家司日記〕〇高松宮家蔵

正徳元年十二月十九日、大雪五寸斗

一、山口安房守殿へ手紙進上申、

一、姫君様御入輿之事御幼年故今少御成人有之而と思召之由御返事之趣、猶以早有之様之義御了簡も候ハゝ奉頼候、

正徳六年閏二月五日

中院通躬ヲ招キ、源氏物語ノ講釋ヲ聴聞ス、

〔有栖川宮日記〕○高松宮家蔵

正徳六年閏二月五日丙申天晴

一中院大納言殿源氏御講尺、申刻御出、御夜食出

ル、戌刻御帰

廿三日甲寅雨下

一中院大納言殿戌刻御出、源氏御講尺、蓬生之巻

子刻御帰

六月廿七日乙卯天晴

一中院大納言殿申半刻御出、源氏御講尺

七月十日丁卯天晴

一中院大納言殿未后刻御出、酉刻御帰、源氏御講

読

正徳六年閏二月二十七日

宇治ニ出遊ス、乃チ早暁出門、二條ヨリ舟ニテ京

橋ニ到リ、夫ヨリ伏見御香宮萬福寺平等院興聖

寺等ヲ巡覧、再ビ乗船シテ帰洛ス、

編修課

〔有栖川宮日記〕○高松宮家蔵

正徳六年閏二月廿七日戊午快晴

一今日宇治江御成、寅半刻御出門、二条角倉与一

屋敷前ゟ御出舟、御舟之義内ゝニ町口越中守

へ被仰付、角倉与一へ申遣、御舟四艘差出外ニ

関舟一艘此方ゟ申付、御臺所荷物御先へ遣ス

御供矢嶋備前守・中川大学、

一御舟之儀二条ゟ京橋迄御召舟、御紋幕四帖、日覆簾御

供舟三艘、於伏見水手惣中へ御酒被下ゝ様ニ鳥目一貫文被下、

宇治橋姫濱ゟ御乗船、座形ノ三帖二間御幕不入、

壹艘五人水手御供舟五艘此時手代寺沢忠八
出金百疋被下、水手惣中御酒可給之由ニて鳥
目一貫文被下、伏見豊後橋迄召之、
一二条ゟ御来船京橋迄召シテ夫ゟ御輿伏見御
香宮夫ゟ黄檗御成、天章亀峯と申役者出向御案内申、還御之節
方丈口ニて住持悦峯出向有挨拶、夫ゟ平等院
へ御成宝物御覧住持出合弐百疋被下、夫ゟ興
聖寺前亀茶屋ニて御休息ヲ御膳上り、興聖寺離宮八
幡御見物、夫ゟ橋姫濱ニ而御来船、屋形舟三帆ニ間不及御幕、
御供舟五艘此時角倉与一手代忠八出大学令
挨拶、豊後橋ゟ御輿也、亥刻過還御

正徳六年四月十二日
豊後國府中春日社ニ奉納ノ三十六歌仙色紙人丸
之賛ヲ揮毫ス、

〔有栖川宮日記〕○高松宮家蔵
正徳六年四月十日己亥天晴
一中院大納言殿ゟ御使、神前哥仙之神号御人数
書付来、
豊後國府中春日大明神奉納哥仙筆者目録
有栖川様　妙法院様　久我大納言殿
中院大納言殿　日野大納言殿（○以下略）
十二日辛丑天晴
一中院大納言殿へ御使、金剛院殿依願被申上春
日社神前哥仙人丸之賛之色紙御染筆有之、為持被遣

御使水口元衛門、

〔有栖川宮日記〕○高松宮家蔵

正徳六年四月十三日壬寅少雨

一白氏文集御講読生田英全伺公、

正徳六年四月十三日

生田英全ヲ召シ、白氏文集ノ講釈ヲ聴聞ス、

正徳六年五月十三日

生田英全ヲ召シ、荘子ノ講釈ヲ聴聞ス、

〔有栖川宮家司日記〕○高松宮家蔵

正徳六年五月十三日、天晴、

一、生田英全伺公、荘子被聞召、

〔有栖川宮日記〕○高松宮家蔵

正徳六年五月十五日甲戌天晴

一荘子英全召シテ被聞召也、

十七日丙子天晴

一荘子御講読生田英全、

六月二日庚寅天晴曇

一荘子御講読生田英全、

四日壬辰天晴

一荘子御講読生田英全伺公

六日甲午天晴曇

一荘子御講読生田英全伺公、

十日戊戌天晴又曇少雨

一荘子御講読生田英全伺公、

十七日乙巳天晴

一今日荘子御講読生田英全、

廿一日己酉天晴

一荘子御講読生田英全、

廿五日癸丑天晴

一荘子御講読生田英全伺公、

七月廿七日甲申晴天、

一荘子御講読生田英佺、長尾道尹、三輪了哲、

正徳六年六月八日

生田英全ヲ召シ、詩經ノ講讀ニ候セシム、

〔有栖川宮日記〕○高松宮家蔵

正徳六年六月八日丙申雨天

一加納道詮両度伺公生田英全詩經御讀書

十四日壬寅天晴

一詩經御讀書英全伺公

十九日丁未雨天

一詩經御讀書生田英全伺公

廿三日辛亥天晴

一詩經為御讀書生田英全伺公

廿七日乙卯天晴

一詩經為御讀書生田英全參上

享保元年九月二十四日

先月下旬ヨリ病ヲ得、醫師等診療ニ努メ、又諸方ニ祈禱ヲ申付ケタルモ効無ク、是ノ日、危篤ニ陷ル、仍リテ情願シテ一品宣下ヲ蒙ル、又敬法門院ヲ以テ、明宮靈元天皇皇子職仁親王、ヲ繼嗣ト爲サンコトヲ天皇中御門ニ及ビ法皇靈元、ニ奏請シ、卽チ聽許ヲ蒙ル、深更終ニ薨ズ、年二十三、祕シテ喪ヲ發セズ、

【有栖川宮日記】○高松宮本

享保元年八月廿一日戊申雨天
一御痞御腹中御氣味悪敷ニ付藤木駿河守丑刻
斗召ニ来伺公御機嫌御氣遣成義無御座候由
被窺同刻退出、
廿六日癸丑雨天
一御痞御疾氣ニ付御祈祷賀茂御霊社中遣ス、
九月四日庚申晴天
一御不快ニ付伊勢藤田長大夫へ御祈祷御初尾
金二百疋藤木下野守ゟ書状ニて遣ス、

五日辛酉天晴曇
一女院様ゟ召ニ来矢嶋備前守参坂田殿ニ被仰
出此度帥宮様御機嫌御不例之義三輪了哲久
々御薬差上御同前候間林杏安々々被召寄被
窺可然思召之旨也、幸昨日被仰付今日伺公仕
之由申上、
へ
一七観音院為御加持伺公於御内々有御加持三
輪了哲藤木駿河守重而伺公長尾道尹宿有之、
六日壬戌晴曇

一梅小路中納言殿万里小路中納言殿へ御違例
御様躰申入、御薬被替否御相談~~御相談~~御頼申
ニ参矢嶋備前守
右之趣女院様へ参申入置、伏長老外山中納言
殿へハ昨日御便之序申入、
一初而今日召ニ遣窺御機嫌飯田元泉
林杏安窺御機嫌
一法皇様ゟ御所労為御尋新大納言殿奉ニて鱧
一折弐被進、
一御不例御同前之内不宜故為御相談御出合梅

小路中納言殿万里小路中納言殿中院太納言
殿酉下刻御出亥刻御帰三輪了哲重而伺公、
七日癸亥少雨
一梅小路中納言殿万里小路中納言殿午刻斗御
出、女院様へ御醫者之義昨日被窺之處對馬守
伺公、飯田元泉被窺老醫ニも候間御療治可然
思召候、併林杏安ハ兼而御平脈も窺付申者ニ
御座候間先杏安可然哉々思召候猶其上御相
談被成御醫案無之事ニ候間宜御取持可被進
之由仰也、依之林杏安弥御薬可然之由ニて帥

宮様へ被窺之處御同心ニて杏安ニ相極、其内
中院大納言殿御出、右之品共御聞有之、
右三人帥宮様召御對面御挨拶有、依之御機嫌
少〻御上り候也、重而申上間敷之由ニ成、
八日甲子天晴
一禁裏様様以女房奉書御所労御尋、御請文如例
女房奉書、
一女院様ゟ御祈祷被仰付之由ニて護浄院窺御
機嫌、
一久留伊勢守へ御容躰書為持遣、

別記ニ在、
九日乙丑天晴
一伊勢御師藤田大夫江此度御不例御祈祷申付
飛脚今朝下向、

一徳大寺右大将殿庭田大納言殿へ矢嶋備前守
参雑掌ニ對申説此度有栖川宮御不例之義此
間以久留伊勢守水野和泉守ゟ御様躰書附可
越之由ニ付八月廿一日ゟ之御様躰書付遣候
傳奏方ゟ御書附被遣候御大事ニ相見節故無
專之由ニて伊勢守殿被申ニ付昨日差遣候御
様躰如此ニ候為御心得雑掌衆迄物語仕置由
申、
十日丙寅晴天
一水野和泉守ゟ被窺御機嫌使者来備前守出て

御様躰申遣此二三日御機嫌御同前ニ御座候
内御快方有御座候不宜義ハ先出不申候、昨九
日者八ツ時ゟ者御飯目多三拾六匁被召上候今
朝も昨朝之通二度御飯廿四匁被召上候由申
遣、
十一日丁卯少雨
一子刻斗御小用有之其御初ニて御痰御吐故藤
木駿河守召シテ窺御機嫌、
十三日己巳天晴
一禁裏様ゟ以女房奉書御所労御尋御生鯛一折ニ

被進、
（○奉書往返略）
十六日壬申快晴
一鎮守社御不例御快然御祈御酒洗米被備藤木
近江守役之
十七日癸酉天晴
一久留伊勢守へ御薬替元泉上ル之由十四日迄
申遣、猶昨夜御不出来等御様躰書備前守為持
遣、文言有別記、
一飯田元泉窺弥御脈宜煎湯段々御断申所是非

被仰付附子理中湯上ル人参三分其外独参湯
弐匁ニシテ交々上ル、
一向井元桂召ニ被遣午刻伺公窺御機嫌申所日
比不窺候か先御脾腎之虚ト相窺候、惣躰御下
地薄御生付ト奉存候、堂上方へ申入退出、
十九日乙亥天晴
一梅小路中納言殿御出、法皇様御症之御尋之仰
旨被仰入、為御礼乍被平臥御対面也、
廿三日己卯晴天
一禁裏様為御尋万里小路中納言殿未半刻御参

持又御所労此間御同前ニ付中院大納言殿万
里小路中納言殿御肝煎被進候様ニ被仰出、依
之為御礼長橋殿迄御使被上、御使藤木近江守
廿四日庚辰天晴
一御機嫌昨夜半比ゟ御不出来参附湯差上ル玄
泉了哲相談、
一万里小路中納言殿中院大納言殿梅小路中納
言殿御機嫌以外之由御使早々申進、
女院様取次衆へ同断、
淑宮様宇野内記へ同断、

一法皇様ゟ御肝煎之為ニ清水谷中将殿梅小路
左｜佐殿被仰付御詰有之
一林杏安向井元桂窺申了簡御聞之処殊外御脈
不宜候、唯今ハ参附湯日増申ゟ外有無御座候
由申入、中々御療治無了簡、
一御容躰以外候故医師御容躰書傳奏衆へ書通
此方諸大夫両人口上書添為持遣、
一御機嫌以外ニ而最早御續難被成ニ付段々備
前守召シテ被仰付
一御養子之事御顧明宮様ゟゝ思召之由被仰

付早速御肝煎方へ申入処御尤之由ニて女
院様へ被仰上對馬守色々御對談
一次御跡之事宜様ニ御頼思召候由備前守へ
被仰聞奉畏之由申上
一今一ヶ条清閑寺頭弁殿へ御頼之義有
一御幼少ゟ御養育申所御満悦ニ思召候猶御
養子宮様御護主可申由
一備前守召シテ密々中院大納言殿へ御所望之御
事有之早速大納言殿へ申入御返答申上御満足之由
一段々参附湯上ル其後又参述湯両人ニて上之

御近辺召仕藤木下野守始壹人宛御一礼有之
一中院大納言殿萬里小路中納言殿清閑寺頭辨
殿召シテ御暇乞御一礼被仰梅小路中納言殿
ハ御居合無之其通也仗長老も召シテ御暇乞
御一礼共有
一梅小路中納言殿萬里小路中納言殿備前下野
両人御呼出御跡御相續之事御申也夫ニ付一
品御願有之様ニ仕度由申上御尤之由
一一品勅許清閑寺頭辨殿御出消息宣下則申上
最早御覺無之躰也

一御相續之事従女院様被仰入明宮様御事禁裏
様法皇様へ被仰入之処御せましないにも可成
間御領掌之由也申上候処忝思召御安堵之躰
也
一一品勅許御禮之義此節故公家衆以御計相濟
申之由也
一東御門跡淑宮様午刻斗御成御對面ニて御暇

乞有之
一酉上剋御落入被遊薨去仗長老御龍高藏主
一薨去有之共先無御沙汰可然之由町口越中守
被申聞則御肝煎方ニ被仰上使相濟迄御沙汰
無用之由御門跡も傳奏衆へ及御大事之由申
参迄其後可有之諸方御使等も請候ハヽ御同
前之御返事可申由

○史料中の御璽の印影は朱の枠線。

正仁親王一品宣下位記 ○高松宮家蔵 ○紙面ニ天皇御璽三顆ヲ捺ス

二品正仁親王

右可一品

中務地居磐石聲遍邦家

文明累世忠誠無邪宜申

栄爵式旌寵嘉可依前件

主者施行

享保元年九月廿四日

二品行中務卿邦永親王 宣

正四位下行中務大輔臣藤原朝臣徳光 奉

從五位下守中務少輔兼行少内記臣中原朝臣職永 行

正二位行權大納言臣 豊忠

正二位行權大納言兼右近衛大將臣 公全

正二位行權大納言臣 致季

正二位行權大納言臣 昭尹

從二位行權大納言臣 公統

從二位行權大納言臣 俊清

從二位行權大納言臣 惟通

從二位行權大納言臣 兼香

從二位行權大納言臣 (アキママ)

從二位行權大納言臣 輝光

從二位行權中納言臣 為綱

從二位行權中納言臣 公澄

從二位行權中納言臣 公充

從二位行權中納言臣 有藤

從二位行權中納言臣 (アキママ)

從二位行權中納言臣 兼廉

正三位行權中納言兼左衛門督臣 隆典

權中納言從三位臣 尚房

權中納言從三位臣 (アキママ)

權中納言從三位臣公詮等言

制書如右請奉

制附外施行謹言

享保元年九月廿四日

○史料中の御璽の印影は朱の枠線。

制可
月日辰時従四位上行大外記兼掃部頭中原朝臣師英
左中辨益光
攝政従一位朝臣
太政大臣闕
従一位行左大臣朝臣
右大臣正二位朝臣
内大臣従二位兼行左近衛大将朝臣

無品式部卿家仁親王
参議正三位行式部権大輔長義
参議従三位行左大辨尚長
告一品正仁親王奉
制書如右符到奉行
従四位下行式部少輔兼主水正明経博士尚賢
大録

享保元年九月廿四日
少録
少録

輝光卿記
享保九年九月廿四日、晴、帥宮今日被叙一品、消息
宣下、上卿坊城大納言、職事治房朝臣、後聞、今日帥
宮薨去、廿三才云々、無沙汰也、

〔基熙公記〕

享保元年九月廿五日辛巳、天朝間陰、巳刻後晴、風静、入夜保生院來言談中、此比有栖川宮病氣散々、今日既以危篤云々、然而自関東有使音物、著畠山下総守罷向云々、毎事不審々々、凡世上之事非所及愚慮、嗚呼々々、

廿九日乙酉、天晴陰、右府語云、古〔故〕有栖川宮薨奏可爲二日旨、右大將言談、又東使兩人來朔日發足、下向云々、依此事有栖川事世間穩密云々、凡當時事言語道斷々々、

〔徳川實紀〕有徳院卷三

享保元年九月廿九日、有栖川二品正仁親王病に侵され日數ふるよしきこえければ、宿老より書簡をはせて尋問せしめらる、

十月十九日、有栖川二品正仁親王うせ給ひしかば、竹姫御方より執事鈴木安右衛門重宇して京に使せらる、

享保元年九月二十七日

入棺ノ儀アリ、

〔有栖川宮日記〕○高松宮家藏

享保元年九月廿七日癸未、天晴曇

一子刻御入棺有之、伏長老御手傳

御烏帽子、夏御直衣、御指貫、雲立涌、御足袋、御

機自御小袖、御鼻紙、御手拭、御念誦、御末廣、

御棺之上紗御道服打敷ニシテ掛也、

御書院上之間御疊其上御茵敷奉成、西面香

花燈明備清水、

御腰物家次御刀

編修課

享保元年九月三十日

追號ヲ是妙光院ト定メラル、相國寺瑞春庵天啓集仗清閑寺共綱男ノ勘考スル所ナリ、

〔有栖川宮日記〕○高松宮家蔵（半）

享保元年九月晦日丙戌天晴曇

一仗長老へ御院号之事御内談御書付ニて女院様へ御窺被定様ニ仕度由申進、后刻書付来

是妙光院　如是観院　如是相院

荒木對馬守呼請長老ゟ右被窺之由申所則被窺、何小と申思召も無之候へ共、猶申参候間猶長老御尤ニ思召宜方ニと思召候由也、則仗長老申刻斗ゟ御出、御逢、御請御申上也

一御院号今晩習僧ニ龍光院へ申遣

是妙光院一品大宰帥宮

正仁親王御歳御廿三才

右書付御導師前机ニ置、備前守其故を申拝之

龍光院へ遣

享保元年十月二日

去月二十五日夜薨去ノ旨披露ス、朝廷ニ於テハ、是ノ日ヨリ三箇日間廢朝ヲ仰出サレ、仙洞ニ於テハ、同ジク三箇日間物音停止ヲ仰出ル、

有栖川宮日記　○高松宮家蔵

享保元年九月廿九日乙酉天晴

一中院大納言殿ゟ小川土佐守伺公、二日ニ御沙汰可有之風聞故庭田殿へ御状通、御内談之處弥二日ニ露顕可有之候、書付傳奏衆へ可差出候由故文言等御聞合候處、彼方ゟ可申越之由申来候間左様ニ可心得之由被仰下、初ゟ之御様躰段々書付出候事ニ候哉、左候ハヽ、其心得可仕置之由故備前守承届候、下書候間其通ニ何時ニても可書出候、併初發日限書付進覧、薨去之日限も可有之候、左候ハヽ上使有之事廿五日ニ候ヘハ如何之由申述、万里小路殿被出候て其段可申入之由也、

晦日丙戌天晴曇

一酉刻中院大納言殿ゟ小川土佐守被仰下、来月二日傳奏衆へ差出口状書如此可然之由、案文被下、

（○案文略）

薨去之日之事廿五日ハ上使御請候ヘハ廿四日ニてハ都合不仕候、廿五日夜薨去ニ相認可然思召候、

十月二日戊子天晴曇

一徳大寺殿へ薨去之御届認遣之、可有御披露之由也、御使黒瀬重左衛門、

口状之覚

帥宮御違例御養生不被相叶、先月廿五日之夜薨去ニ候、為御届如此ニ候、此段其節早速可申上候処、関東之御使御在京之間者指扣候様ニと御内意被仰聞候す御座候而御届及今日候、以上、

十月二日　有栖川殿御内
藤木下野守
矢嶋備前守

徳大寺右大将様御内
堀川播磨守殿
小川飛騨守殿

庭田前大納言様御内
水嶋右近殿
平山織部殿

〔議奏日次案〕

享保元年十月二日、戊子、晴陰時々微雨、有栖川宮
薨去之事、右大将公全、前源大納言重條、言上之、去月
廿五日雖為薨去、依有子細、今日及披露候由也、従今日三箇日廃朝也、

〔院中番衆所日記〕

享保元年十月二日、陰晴、帥宮薨去事披露、仍自今
日三箇日洞中物音停止、
五日、晴、自今朝洞中発物音、

享保元年十月四日
葬送ノ儀アリ、大徳寺龍光院内有栖川宮墓地ニ
葬ル、

編修課

〔有栖川宮日記〕○高松宮家蔵

享保元年十月朔日、丁亥、天晴曇、
一大徳寺龍光院ヘ御法事料為持遣、御使小栗甚
　左衛門、
　　御葬送料白銀三拾枚
　　御中陰御法事料白銀五拾枚
　左持参役者ニ相渡、
四日、庚寅、天晴、
一龍光院方相詰龍僧半首座、非首座、（○以下僧衆八名略）替々
　昼夜弐人宛六時勤行、其外誦経今日八ヒ迄相

詰、昼ゟ者仗長老衆之僧二人相詰、
一御出門前申刻斗ニ御棺御轅ニ被為成、御廣間
中之間ニ北向ニ御轅ヲ置、御棺被為入、香花燈
明水手備之、
一南之方一間御簾掛外柱両ニ掛燈臺、
一御内佛段御學問所御床ニ御位牌立香花燈明
水手備御膳備、
一灯燈掛庭上所々置之、
一御道筋今出川御門ゟ今出川通室町ニ出、上立
賣通ヲ西ヘ、報恩寺町ヲ経テ寺内〉ヲ西ヘ天
神圖子ヘ出、
一御出門酉上刻常大門開閾取
（八行略）
一酉上刻御出門御跡門火ヲ焼、今出川御門迄成
宗、成恒松明、惣門外ハ消之、町之内灯燈斗、大徳
寺南之門ニ入、陽徳院前ニ御轅居、此間布衣護
之、諸大夫素服ニ改、香爐焼香松明持申門前ニ
而七里弾正止蹲居、御轅客殿廣縁畳三帖敷其
上ニ揚置、御轅居御左方諸大夫三人、御右方布
衣六人座、御刀下野守取出持、御引導了、嚴長老衆
僧三十八人御引導済、讀経済、后諸大夫三人焼
香、夫ゟ御廟所ニ御轅進、先侍無之、青侍四人、諸
大夫布衣供奉、客殿西方ゟ御棺手舁ニシテ御
廟ニ進、葬之納、中間僧四五人讀経済、后諸大夫
焼香退出、
於客殿御法事有、貞玄成恒聴聞焼香シテ御殿
ニ帰、亥刻斗也、

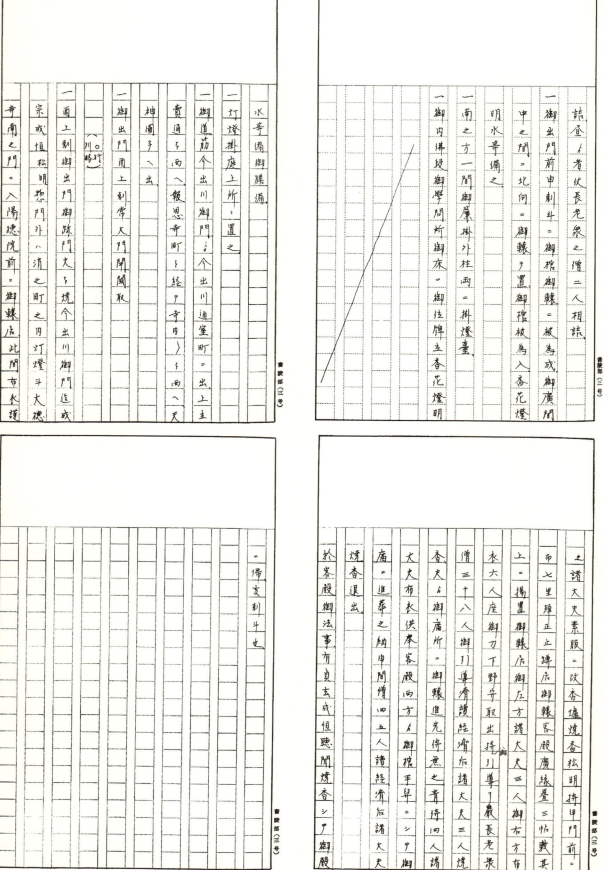

〔基熙公記〕
享保元年十月四日、庚寅、天快晴、夜来寒気以外也
今朝霜厚、古帥宮薨、今夜送大徳寺云々、無常迅速
〻〻、凡後西院御血脈新女院本願寺室其外無之
嗚呼〻〻、有栖川相續之事自法皇被仰下関東云
〻

書陵部（三号）

〔陵墓要覧〕
二　後西天皇
皇孫　正仁《たゞひと》親王墓（有）　京都府京都市北区紫野大徳寺町
大徳寺竜光院内有栖川宮墓地
宝篋印塔　是好光院一品太宰帥宮　好仁親王墓以下廿八墓同域
幸仁親王　享保一・九・二四（三七六・一一・七）薨

書陵部（三号）

享保元年十月十二日
傳奏ヨリ明宮（霊元天皇皇子職仁親王、）ノ有栖川宮相續ノ事
治定セル旨仰出サル、仍リテ家司、大徳寺龍光院
ニ参入親王ノ廟前ニ之レヲ報告ス、

編修課

〔有栖川宮日記〕○高松宮家蔵
享保元年九月廿四日、庚辰、天晴
一庭田大納言殿へ口上書持参、兼而段〻万里殿
御入魂被成置候由也、御使矢嶋備前守、
御口状覚
帥宮御所労御大切之上御方宮茂不被為有
候故明宮御方御相續之儀御願被遊候宜様
ニ頼思召候、以上、
九月廿四日　有栖川殿御使　矢嶋備前守
十月十二日戊戌天晴

書陵部（三号）

一徳大寺殿雑掌ゟ呼ニ来、矢嶋備前守参、則飛騨
守門外ニて對承、和泉守ゟ来趣寫
有栖川殿御所労御大切若宮無之ニ付而明
宮御方御相續之儀御願候、禁裏法皇江被及
言上、願之通被仰度被思召候旨関東へ相達
候処、及上聞可為思召次第之由被仰出候段
申来候、宜被成御沙汰候、以上
十月十一日　水野和泉守
徳大寺右大将殿
庭田前大納言殿

一右之通中院大納言殿萬里小路中納言殿へ以
手紙申入、
一龍光院へ矢嶋備前守参、於御廟前右御願之通
相済申旨奉拜、

〔輝光卿記〕
享保元年十一〔十〕月十二日、明宮有栖川宮御相續之
事昨日相済候由、

〔有栖川宮系譜〕
靈元帝第九皇子
職仁親王
御母右衛門佐局、始柏木、又伊勢、老倉大納吉来具卿猶子、實松室備中介重敦女
正徳三年九月十日御誕生、号明宮、
享保元年十月十一日、御相續有栖川殿、四歳

享保元年十一月五日

石塔ノ建立成リタルヲ以テ、供養アリ、寶篋印塔ナリ、

編修課

有栖川宮日記○高松宮家蔵

享保元年十月廿九日乙卯天曇

一御廟御塔今日ゟ取掛、寺奉行小栗甚左衛門造

十一月二日戊午天晴

一御塔供養料白銀弐枚中川大学持参先年本空

院様御通ニ御供養可有之由内述

五日辛酉天晴

一御塔供養御廟前ニて僧十二三人御霊供菓子

餅等備御経有聴聞矢嶋備前安藤木近江守長

尾道尹・末田尹篤中川大学矢嶋要人・平田縫殿

書陵部（三号）

服部半衛門水口元衛門、

書陵部（三号）

29 四親王家実録《ししんのうけじつろく》

有栖川宮実録《ありすがわのみやじつろく》 第三巻 正仁親王実録《ただひとしんのうじつろく》

二〇一八年一月十六日 印刷
二〇一八年一月二十五日 発行

監修 吉岡眞之《よしおかまさゆき》 藤井讓治《ふじいじょうじ》 岩壁義光《いわかべよしみつ》
発行者 荒井秀夫
発行所 株式会社ゆまに書房
〒一〇一－〇〇四七 東京都千代田区内神田二－七－六
電話 〇三(五二九六)〇四九一(代表)
印刷 株式会社平河工業社
製本 東和製本株式会社
組版 有限会社ぷりんていあ第二

第二十九巻定価 本体二五、〇〇〇円＋税
落丁・乱丁本はお取替致します。

ISBN978-4-8433-5327-1 C3321